知的生きかた文庫

神さまに好かれる話

小林正観

JN102891

三笠書房

はじめに

学生時代から、ずっと唯物論《ゆいぶつろん》（すべての現象を「物質的」観点から規定していく理論）でした。今も変わらず、ガチガチの唯物論者です。

唯物論者として、四〇年間〝社会〟や〝宇宙の仕組み〟を見つめてきました。

その結果、わかったこと。

「神」が存在するみたいだ――。

信じてくれなくてかまいません。私は宗教者ではないので、「神や仏を信じなさい」という立場ではありません。

しかし、実証的に〝神〟を感じたい人には以下のようなことをお勧めしておきます。

偶然かもしれないが偶然にしては面白い、と思ったことをノートに書いていくのです。

例えば、私の誕生日は十一月九日。野口英世博士も十一月九日でした。野口博士が千円札の像に使われました。私が初めてこの千円札を手にした（見た）のが十一月九日でした。

「だからなに？」という話なのですが、こんなことを書きためていって一〇〇件を超えると、読み終えたあと、こんなひとことをつぶやいているはずです。

「神」が存在するみたいだ——。

私のほうは、四〇年で一〇〇〇件を超えました。

そして、さらに〝わかった〟こと。

面白がる人には、どんどん面白いこと

楽しがる人には、どんどん楽しいこと

幸せがる人には、どんどん幸せなこと
を、神さまはくださるみたいなのです。
さらに、さらに、重要なこと。
感謝する人には、感謝したくなるような現象を、次々に降らせるみたいだ。
愚痴を言う人には、愚痴を言いたくなるような現象を、次々に降らせるみたいだ。

その人が〝好きで言い続けている言葉〟を、もっともっと言いたくなるように、現象をセットしてくださるようなのです。この本では「神さま」との関係について、話を集めてみました。

小林正観

目次

第二章

人生の味方をつくる

第三章

人に喜ばれる存在になる

第四章 人生をラクに楽しく味わう

編集協力◎株式会社ＳＫＰ　小林久恵
張山耕一／ＰＲＯコーポレーション

第一章

宇宙の法則を使いこなす

自分の意思＝宇宙の意思

「う・に・の」の法則

ハレー彗星《すいせい》が飛んでくるのは「宇宙現象」です。太陽が昇り沈む、月が昇り沈む、春が来て夏が過ぎ、秋を経て冬に至る、それが繰り返される……。それらもすべて宇宙現象です。

地球が約三六五日で太陽の周りを一周することも、約二四時間で自転することも宇宙現象。このことに異論を唱える人はいないでしょう。

地球の存在も、地球に存在する生物や現象さえも、すべて宇宙現象にほかなりません。つまり、**私たちの目の前に起きることすべてが宇宙現象**です。

人工衛星に乗って地球を遠くから見ているところを想像してみてください。宇宙空間に、ある星がポッカリ浮かんでいる、その上に生物がいる……、この事実だけです。

地球上に起こることすべてが宇宙現象であるにもかかわらず、私たちは、なぜ目の前に起きることを「現実」とか「生活」とか、別の概念でとらえてしまうのでしょう。

お釈迦さまが人間の思うようにならない苦しみとしてあげた「四苦《しく》」（生まれること・老いること・病にかかること・死ぬこと）も、愛したり別れたりする苦しさ・悲しさ（愛別離苦《あいべつりく》）も、恨んだり、憎んだりする相手と会うこと（怨憎会苦《おんぞうえく》）も、求めるものが得られないこと（求不得苦《ぐふとくく》）も、すべて宇宙現象です。

ほかの宇宙現象、例えば地球が回っていることに対して、恨みごとを言ったり呪ったりはしないはずです。

ですから、**自分の目の前に起きることはすべて宇宙現象、と思い定めることにしてみてはどうでしょう。**

思いどおりにならない、とイライラしているうちは、決して宇宙現象は思いのままになりませんが、「宇宙現象は、思いどおりにならないもの」と思い定め（一〇〇％そう思い切る）、その結果、イライラがなくなると、今度は人生が違う流れになります。

スムーズに流れるのです。矛盾《むじゅん》しているように見えますが、なぜかそういう方程式になっているようです。

「う・に・の」の法則――恨《うら》まない・憎《にく》まない・呪《のろ》わない

「う・に・の」寿司が大好き……と覚えてください。

目の前に起きることを、**「う・らまない」「に・くまない」「の・ろわない」**ということです。

そういう心になると、宇宙現象に対しても「恨まない」「憎まない」「呪わない」わけですから、「宇宙」が敵ではなく「自分の一部」であり、「自分」が「宇宙の一部」になります。

すると、**「自分の意思」＝「宇宙の意思」**になってしまいます。

「現実」に悩み、イライラした状態を第一段階とすると、「現実」＝「宇宙の意思」（宇宙現象は自分の思いどおりにならないもの。それを受け入れ、イライラしない。すべての現象を恨まない・憎まない・呪わない）と思い定めたときが第二段階です。

この第二段階の先には、まったく別の段階（第三段階）が待っています。**思うこと、考えることが、どんどん現実化する世界**です。

第三段階の世界に足を踏み入れると、毎日が楽しくて仕方がなくなります。ただし、「思うようになる」「希望が叶《かな》う」という話ではありません。

「要求」した瞬間に〝宇宙〟は〝敵〟になってしまうのです。

例えば、「あの人、どうしているだろう」と、何年かぶりに思い出すと、その三〇分後か一時間後にその人から電話が入ったり、雨が降っても、自分の歩くところの上空五〇〇メートル四方だけは晴れ間がのぞき、その晴れ間がずっと後をついてくる、などということが起きます。

レストランや喫茶店で、自分が入ったときには誰も客がいなかったのに、しかも食事の時間でもないのに、出るころには多くの客で埋まっていたなどということもあります。

そうしたことが、「たびたび」起きるようになったら、第三段階です。

あまりいろいろ起きるので気味が悪いほどですが、ただ座っているだけで、呼吸しているだけで楽しくなります。

ストレス解消のための遊びや娯楽などは必要なくなり、やりたいとも思わなくなります。

「足《た》るを知る」という境地

第三段階では、**想像したり、イメージしたことが、どんどん現実化します**（もう一度言いますが、「夢や希望が叶う」のではありません。向こうが勝手に楽しませてくれるのです）。

ただここで大事なのは、決してうぬぼれたり、思い上がったりしないこと。「自分が選ばれた人だ」などと思わないでください。

この段階で有頂天になり、謙虚さを失って身を誤る人は少なくありません。

第二段階に身を置いた瞬間から、もう「幸せ」の塊《かたまり》です。「ユートピア」の住人になります。なぜなら、何も恨まず、何も憎まず、何も呪わないのですから。

第一段階に身を置きながら「パラダイス」（すべての欲望が全開し、それがすべて叶った状態）を望んでも無理というものです。それは叶いません。〝超能力〟が出ないばかりでなく、欲望は「これでよし」という限界を持たないからです。

同じ「天国」でも「ユートピア」は違います。「ユートピア」は「足る（満足）を知る」状態です。ユートピアは外からではわかりません。外的な条件ではなく、自分の心の状態だからです。

普通に暮らしているけれど、「心はユートピア」という暮らしは幸せです。

すべては宇宙現象と思い定めた第二段階から、次々に不思議な現象が勝手に起こる第三段階へ……。

その素晴らしい「ユートピア」を、一人でも多くの人に味わって欲しいものです。

「宇宙の法則」を味方につける

「ありがとう」には神さまが宿る

私は四〇年間、今も変わらずガチガチの唯物論の立場です。ですから、「神」や「仏」を前提にしてものを考えることはありません。あらゆる宗教とは無関係ですが、私の研究から到達した結論として、

「神・仏・守護霊・精霊が存在する」

というものがあります。

ただし、神の存在を認めても、宗教に属するものではありません。私は宗教者ではないので、神にひれ伏すことはありません。

ただ、**「神の力を借りる」という生き方は、けっこう楽しいものに思えます。**

そのためには、「神の性格」を把握しておくといいと思います。

神さまには感情というものはないようです。いつも、方程式のとおりに反応してくれます。こうするとこうなる、こうしないとこうならない、というだけ。人間に対してえこひいきをしたり、祟《たた》ったり、罰を与えたりはしません。ただ、応援、支援をするかしないかだけです。

ですから、「信仰」はしなくても、**「力の借り方」だけを覚えれば、現象が一変します。**

地球さんと宇宙さんと、喫茶店で一緒にお茶を飲んでいるとしましょう。そのとき、二人に向かってこう言ったとします。

「私は、あなた方のやることがすべて気に入らない、頭にきてしょうがない」

すると、地球さんも宇宙さんも、「はい、わかりました」と言ってもう二度とあなたの前には現れないでしょう。反対に、「私は、あなた方のやることがすべてうれしくて、幸せで、楽しくてありがたいことばかりです。これからもよろしくお願いします」

と言ったとします。

すると、地球さんも宇宙さんも、「はい、わかりました。これからもよろしく」と言うでしょう。

世の中には、地球さんと宇宙さんを目の前にして悪口を言い続け、この二人を敵に回してしまう人がいます。

反対に、「あなた方のやることが大好きです」と言っていると、地球と宇宙は味方になってくれます。

それが法則です。地球と宇宙は、味方になってくれなくても敵対的なことはしません。ただ味方をしないとなると、その人の人生はすべて独りの力でやっていかなければならないことになります。

一方、地球と宇宙を味方につけた人は、ありとあらゆることが、すごく簡単にスムーズに流れるようになります。

ですから、否定的な言葉をいっさい言わないようにすることです。

不平不満、愚痴《ぐち》、泣き言、悪口、文句をやめ、口から出てくる言葉が常に、嬉しい、楽しい、幸せ、大好き、愛してる、ありがとう、ついてる、といった肯定的なものであれば、それは地球と宇宙を味方にすることになります。

四次元的な存在（仮に神とか地球とか宇宙と呼んでいますが）を味方につける方法は、三次元の世界において私たちの周りの友人、知人、家族を味方につける方法と同じです。

つまり、二つの次元にまたがって、方法論は一つ。共通しているのです。

目の前の現象は、「幸」にも「不幸」にもなる

九州でのある講演会で、定刻になっても半分しか人が集まらず、主催者の方が、「どうして九州の人間はこんなに時間にルーズなんでしょうね」と嘆いたことがありました。

それを聞いた私は、笑ってこのように話しました。

「定刻なのに半分も来ない、のではなくて、定刻にもかかわらず半分も来てくださっている。ありがたいですよね」

つまり、来てくれたほうに目を向けたら、「ありがとう」です。来ていないほうの半分に、「まだ来ないじゃないか」と不平不満を言うよりも、来ている人に感謝するほうがいいということです。

同じ現象でも、感謝ができる人とできない人がいます。

私の話を聞いて、その主催者の方は、「自分は正観さんのお話を何十回も聞い

ているのに、まだイライラしてしまう人間でした」とおっしゃいました。
それから、その人はまったくイライラしなくなったということです。
面白いことに、定刻に集まらなくてもイライラしなくなったら、その次の会からは、定刻には三分の二の人が来るようになりました。イライラしているときにはなかなか集まらなかったのに、イライラしなくなったら、集まりもよくなり、人数も増えているそうです。

地球と宇宙を味方につけるためには、「自分の思いどおりの現象が一〇〇点満点になっていないじゃないか」と文句を言うのではなく、**八〇点の現象があるのなら、その八〇点に、手を合わせて感謝をすること。**

ある歌手が、コンサートの直前に客席を見て、空席があることに腹を立てて帰ったことがあったそうです。当然、コンサートは中止。三〇〇〇人ほどの規模の会場で二五〇〇人ほど入っていたそうですから、充分にお客さんは集まっていたと思います。ただ、空席があったからそれが気に入らないというので、来てくれた人に対して自分の腹立たしさをぶつけるのは、実は本人が考えている以上に損です。

そういうことをしていると、そのうち誰からも信用されなくなります。興業主から見ると、もうそんな危険のある人には次から頼まないようにしようと思うに違いありません。

目の前に起きている現象に対して感謝ができ、喜びを見出すことができ、そこに幸せを感じられるようになると、自分自身がラクで楽しい、ということです。なおかつ、地球と宇宙が味方になってくれます。

宇宙は「裏返し」構造

執着《しゅうちゃく》を手放す

先日ある方から頂いたお手紙の中に、一篇の詩が書かれていました。

作者は不明。アメリカのとある病院の壁に、一人の兵士が書きつけたものとも言われていますが、この詩が独り歩きをして、めぐりめぐって私のところまでやってきました。

「グリフィンの祈り」

大きなことを成し遂げるために、力を与えてほしいと神に求めたのに、

謙虚さを学ぶようにと、弱さを授かった
偉大なことができるように健康を求めたのに、
より良きことをするようにと、病気をたまわった
幸せになろうと、富を求めたのに、
賢明であるようにと、貧困を授かった
世の人々の賞讃を得ようとして、成功を求めたのに、
得意にならないようにと、失敗を授かった
人生を享受しようとしてあらゆるものを求めたのに、
あらゆることを喜べるようにと、命を授かった
求めたものはひとつとして、与えられなかったが、
願いはすべて聞きとどけられた
神の意にそわぬ者であるにもかかわらず、
心の中の言い表せない祈りは、すべて叶えられた
私はもっとも豊かに祝福されたのだ

力、健康、富、賞賛など、「求めたものはひとつとして、与えられなかった」のには理由があります。

二五〇〇年前に、釈迦は、この「求める」ことを「執着《しゅうちゃく》」という言葉で表現しました。「執着」があると、叶わないのです。

よく、「願えば叶う、強く念ずれば必ず願いは叶う」と教えているところがありますが、強く願えば叶うという構造になっているのであれば、ガンで死ぬ人も、倒産する会社もないはずでしょう。

二カ月後に手形が不渡りになって、会社が倒産するかもしれない、というときに、家族や従業員、取引先などに迷惑をかけてしまうという思いは、他の人の願いよりも、数倍強いはずでしょう。

夢や希望を叶えてほしいという願いよりは、倒産したくないとか、死にたくないという願いのほうがすごく強いはずなのに、倒産する会社があります。ということは、強く念じたからといって、そのようになるわけではないということです。

私が掌握した宇宙の仕組みは、**「執着」しないと、その望みは叶うことがある**というものでした。

卑近《ひきん》な例で言えば、結婚なんてもうどうでもいいやと、自分で自分を磨いていけば、そのうち素敵な人が現れるかもしれないし……というふうに考えて、結婚に対して執着がない人ほど、素敵な人が現れるものです。

これが**宇宙の二重構造、裏返し構造**です。

執着すればするほど、手に入らなくなるどころか、反対の現象が迫ってくるという構造になっています。

「こうなったら嬉しい、楽しい、幸せ」と思うのはかまいませんが、「そうでなきゃ嫌だ、ダメだ、ねばならない」と思った瞬間に、そうならなくなります。

「いいお嫁さんが欲しい」ということばかり言っていると、悪妻で有名なソクラテスの奥さんのような人が、お嫁さんとして来ることになるかもしれません。

「思いどおりにしたい」は、神への宣戦布告

ある講演会の後に一人の女性が、「相談したいことがあるのですが」とやって来ました。

「結婚して七年経つのに、まだ子どもができず悩んでいます」

私はそれを聞いて、

「あなたの旦那さんは、とても優しい人なんでしょうね。結婚して七年も経つのにまだ子どもが欲しいと思っているということは、お姑さんもお舅さんも、温かい人たちなのでしょうね」

と聞きました。すると彼女は、「はい」と笑顔で答えます。

「そのことについて、今まで感謝したことがありますか？」

「えっ」と言った彼女は、そのあとワッと泣き出しました。彼女は二〇分ほど号泣し続け、ひとことも発しませんでした。

彼女が今まで悩んでいたことは、**「あれも足りない、これも足りない、あなたのやっていることは気に入りません」と神に向かって宣戦布告してきたのと同じです。**

それが、夢や希望を語るということの本質です。

叶っていない夢をたくさん抱えてストレスで体を壊したかったらそれもいいでしょう。ただ、足りないものに目を向けるのではなく、自分がどれほど恵まれた状況に囲まれているか、ということに手を合わせることができたら、事態は一変するかもしれません。

「あれ欲しい、これ欲しい」ではなく、すでに「ものすごく恵まれている」ことに気づくことです。そうすれば、「あれ欲しい、これ欲しい」を言わなくなるのではないでしょうか。

宇宙の法則は「倍返し」

不幸という名の試験

一見理不尽な、不幸な現象が起きたときにこそ、そのことについて、不平不満、愚痴、泣き言、悪口、文句を言うか言わないかが問われています。

「まあ、そういうこともあるよね」と言いながらニコニコしていると、「合格」と言ってくれる方がいます。守護霊さんです。別名「**おかげさま**」とも呼びます。

おかげさまから合格印をもらえると、その後、けっこう楽しい人生が始まります。

人格レベルが上がってきて、嫌いな人や現象というものはない、決めているのは全部自分だということに気がついて、いろんなことに一喜一憂しない、そして、どんなことがあってもニコニコしている人を「実践者」と呼びますが、そういう実践ができるような人格者になると、人格者になったがゆえに問われる現象というのがあります。


「あなたの勉強は本物ですか？」

「これでもあなたはイライラしませんか？」

というように、**「お試し」の現象**が起きます。

それが卒業試験だと思ってください。それを笑顔で乗り越えると、人格上の中学校卒業レベルです。

そして、それをクリアすると、何年か後に、今度はそれよりもっと大きな高校の卒業試験レベルの、一般的に〝不幸〟と呼ばれるような現象が起きます。

しかしそれは、人格が上がらなければ起きなかったことです。

神さまから試されているのです。

人間の心には、九つのレベルが存在します。

①一般的に多くの人が嬉しい、楽しいと思う現象について「喜ぶ」ことができる
②一般的に多くの人が嬉しい、楽しいと思う現象について「幸せ」を感じる
③一般的に多くの人が嬉しい、楽しいと思う現象について「感謝」ができる

ここまでは「初級」です。

④一般的に多くの人が当たり前と思うことについて「喜ぶ」ことができる
⑤一般的に多くの人が当たり前と思うことについて「幸せ」を感じる
⑥一般的に多くの人が当たり前と思うことについて「感謝」ができる

ここまでが「中級」。

⑦一般的に多くの人が不幸と思うことについて「喜ぶ」ことができる
⑧一般的に多くの人が不幸と思うことについて「幸せ」を感じる
⑨一般的に多くの人が不幸と思うことについて「感謝」ができる

これが「上級」です。

このように、初級、中級、上級の各段階の中に、さらにそれぞれの段階が存在します。そして、レベルが上がるときに、お試しの現象（事件）が起こるようになっているようです。

究極の「損得勘定《そんとくかんじょう》」

宇宙の法則として、**「投げかけたものが返ってくる（投げかけないものは返ってこない）」**というものがあります。

これはつまり、物理学でいう「作用」「反作用」と同じことで、言葉を換えて言うなら、「愛すれば愛される」「愛さなければ愛されない」「感謝すれば感謝される」「感謝しなければ感謝されない」「嫌えば嫌われる」「嫌わなければ嫌われない」「憎めば憎まれる」「憎まなければ憎まれない」ということです。

そして、自分に返ってくるものについて**「宇宙は倍返し」**という方程式があります。

投げかけたものがまだ返ってこない間に、不平不満、愚痴、泣き言、悪口、文句を一切言わなければ、二倍のものが返ってきます。宇宙は非常に律儀な倍返しなのです。

もし人生の中で、普通であれば不平不満、愚痴、泣き言、悪口、文句を言ってしまうような出来事が起こったら、「来た！」と思ってください。ついに私も試験を受けるところまで人格の修練を積んできたのだと。

その試験に「合格」すると、自分にとって楽しい出来事が起き始めるようになっています。

きちんと給料をもらえる、妻も舅《しゅうと》も姑《しゅうとめ》も子どももみんな優しい、睡眠も足りている、というときにニコニコしていられるのは、誰にでもできることで、これは人格者とは呼びません。

給料が払われない、配偶者がわからずや、子どもが言うことをきかない、自分の体調も悪い、睡眠も足りていない、というような、一〇〇〇人中一〇〇〇人がイライラしてしまうようなときに、ニコニコしていられるかどうかが、問われています。

「この状態でもニコニコできますか？」と宇宙が現象を降らせてくるのです。

何度かそのような試験を経て、大学卒業レベルの試験に「合格」すると、もう来ません。

こういう構造がわかって、本当に損得勘定で動くようになった自分が出来上がると、外から見るとちょっとした人格者に見えるようになります。

損得勘定と人格者というのは、かけ離れた概念ではありません。怒ったり、愚痴、泣き言を言っていると血圧が上がり、胃液が濃くなって胃潰瘍《いかいよう》になったり、どんどん体が壊れて死ぬ方向にいってしまいます。

つまり、そういうことが損だとわかると、不平不満、愚痴、泣き言、悪口、文句を言わなくなります。

人格者になることを目指さなくとも、**損得勘定を身につけた結果として、人格者になってしまう**、という構造があるのです。

神さまには時間の概念がない

言葉が先、現象は後

目の前のことを、「楽しい」と思ったとします。するとその瞬間に、β《ベータ》エンドルフィンという快感を感じさせる脳内物質が分泌されます。また、過去にすごく楽しかったことを思い出しているときにも、脳はまるで目の前にその現象があるかのごとく、βエンドルフィンを出します。

脳は、過去という「認識」をしないらしいのです。楽しいことを思い出しただけで、まるで目の前に楽しいことがあるかのように、βエンドルフィンを出します。

そして、自分の未来にこういうことがあったら楽しいだろうな、面白いだろうな、と楽しい想像をしていると、まだ起きていないにもかかわらず、未来のことを想像しただけでβエンドルフィンが出るらしいのです。

また、過去の嫌なこと、例えば初恋の人に振られたことなどを思い出した瞬間に、まるで目の前に自分を振った人がいるかのごとく、不快物質（緊張物質）を脳内物質として分泌します。これはノルアドレナリンという物質です。もちろん、今、嫌だと思うことが起きてもノルアドレナリンが出ます。

逆に、こんな嫌なことが起きたらどうしよう、道を歩いていて、いきなり刃物を持った人が切りかかってきたらどうしよう、というように、まだ起きていないことを、どうしようどうしよう、と心配し、考えた瞬間にも、脳は、今現在の現象であるかのごとく錯覚して、不快の脳内物質ノルアドレナリンを出します。

このことから、**脳というのは、過去・現在・未来という時間的な区別・認識が**

できないようだ、ということに気がつきます。

脳は、人間の器官の中で、一番劣っているのかもしれない、とふと思ったこともありますが、実はそうではなく、一番進んでいるのかもしれないと思い直しました。なぜかというと、実は「神」の世界にも、時間という概念がないらしいからです。過去・現在・未来という時間の認識がないのです。

したがって、脳は、「神」と「人間」の間、つまり三次元と四次元の間、すなわち三・五次元のところに存在しているのかもしれません。人間の脳は、体の機能の中で最も優れているらしく、その脳が「神」のほうに一歩近づいているというのは充分にあり得ます。

「神さま、~してくださってありがとう」と、先にお礼を言ってしまうと、神さまは「あ、まだやっていなかったっけ」と思うらしく、律儀にもお礼を言われたとおりのことをやってくれます。

三次元的には、やっていないことにお礼を言われたら違和感を覚えますが、神さまにはその前後の認識は関係ないのでしょう。時間・空間の認識が、神さまにはない、というのは、具体的にはこのような事情になっているようです。

「はじめに言葉ありき」

また、自分の口から出てくる言葉は、**「言えば言うだけもう一度それを言いたくなるような現象が降ってくる」**というのが、宇宙の法則です。

聖書の中のヨハネ福音書の「はじめに言葉ありき。言葉は神と共にあり。言葉は神なりき」という一節は、実は、人類創世当時の描写ではなく、普遍的な宇宙方程式であったのかもしれません。

「嬉しい、楽しい、幸せ、愛してる、大好き、ありがとう、ついてる」というような喜びの言葉を言っていると、またその言葉を言いたくなるような現象が自分の身を取り囲みます。

そして、その数が多ければ多いほど本人が考えつかないくらいすごい喜びの出来事が起こり始めます。

逆に、「世の中はそんなに甘くない」と言っていると、いつまでも「甘くない」状況に囲まれることになります。

私は、そういう単純な方程式を言っているのであって、「肯定的な言葉をいつも言えるような心の美しい人にならなければいけない」という話ではありません。

このことは以前出した本で書いていますが、それを読んだ方から次のような質問をされました。

「念ずれば思いは叶う、ということを自己啓発セミナーで聞きました。それと同じですね？」

ぜんぜん違います。

私の話は根性型自己啓発セミナーの教えとは一八〇度違います。

その方は、「ナンバー・ワンになりたい、と言っていればナンバー・ワンになれるということですね？」とおっしゃいましたが、そうではありません。「ナンバー・ワンになりたい」と言っていると、来年もまた「ナンバー・ワンになりたい」と言っている状況が続きます。すなわち永久にナンバー・ワンにならない、ということです。

言葉が現象化するというのはそういうことです。「～になりたい」と言い続けていると、幸せにはなりにくいのです。

「ありがとう」は〝打ち出の小槌《こづち》〟

私が把握した宇宙法則には、自己啓発セミナーで教えているような、「思い続ければ夢は叶う」というものはないようです。

「ありがとう」を年間一万回言ったとしたら、また「ありがとう」と言いたくなるような現象が、一万個降ってきます。

「ありがとう」の内容はわかりませんが、ただ「ありがとう」と言いたくなるような現象が用意されるのです。

「～になりたい」「～が欲しい」と叫んでいる人は、自分の欲望のとおりになってほしいという思いがあります。それでは宇宙方程式は使いこなせません。顕在能力一五％にとどまっている間は、この「打ち出の小槌」は振れないのです。「打ち出の小槌」は実は自らの言葉です。

――言葉は神なりき――

言葉はオールマイティーの力を持っている。

実践してみればわかることですが、考えていてもわかりません。やってみた人だけに、とんでもなく楽しい人生が始まります。

神さまは二人羽織のようについている

淡々と生きる

「ありがとう」を一〇〇〇万回言い終わったあたりから、いろんな面白い現象が起こり始めます。

それは、**その人にとっての「面白いこと」であって、何が起きるかはわかりません。**そこが面白さでもあります。

「ありがとう」を一〇〇〇万回言い終わって、どんな現象が起きたのか、その報告をしてくださった方がいます。

この方は、数年前に、小学生の息子さんを小児ガンで亡くされたということですが、その息子さんが生前に、不思議な言葉を二〇〇個くらい遺しました。例えば、「お父さん、家族って、何のためにあるか知ってる？」と言うので、「何でだろう」と問うと、このように話したそうです。

「家族はね、分かち合うためにあるんだよ」

小学二年生の子どもとしてはあまりにも不思議な言葉を話していたので、お父さんはそれを全部書きとめていました。

息子さんの死後、私の本を人に勧められて読んだところ、息子さんの遺《のこ》した言葉の意味や解説がすべて書かれていたということで大変衝撃を受け、小林正観の宇宙論を信じる気になったということです。

獣医をなされていて、毎日、車で何時間も走り回っていますが、車中では音楽を聴くことから、「ありがとう」を言うことに切り替えました。そして、「ありがとう」の数が三年間で一〇〇〇万回に到達しました。

どんな現象が起きたと思いますか。

「自分は獣医であり、科学的な立場の人間なので、他の人に言うとちょっと怪しい話になってしまうのですが、正観さんだけにお話しします」ということでお伺いしました。

その方がおっしゃるには、例えば地元の商店街を車で通り過ぎるときに、ふと繁盛しているクリーニング屋、ラーメン屋、花屋などを見ると、その店員さんの姿に重なって、人の姿をした何者かが、その人の手足を動かしている、というのです。まるであやつり人形のようにしていると。

流行っている店には、実は神さまがついていて、その人を二人羽織のように背後から動かしている、というのです。

私自身は、「何か」が見えるから神・仏・精霊の存在を信じると言っているのではありません。しかし、たくさんの現象を突き詰めていって、唯物論的に「神・仏・精霊が存在する」という結論に達しています。

ですから皆さんも、これから、「ついてる、ついてる」と言っていると、霊が「憑《つ》いて」くださる可能性があります。

「ついてる」と「つかれた」は、「憑依《ひょうい》された」という言葉から生まれたもので、「つかれた」というのは、自分のエネルギーがダウンしているときに、雑霊《ざつれい》がくっついてきてしまっているということです。その雑霊さんがさらに、「つかれた」という言葉を聞くと、「この人に〝つかれた〟という言葉を言わせなくては」と思うらしいです。そしてそう言わせるように現象をセットします。ですから、疲れたときには「あーあ、つ…」で止めて、「…いてる」と言うこと。

実は憑いてきた雑霊さんにとっては、その人にとって何が良いことで、何が悪いことだという価値判断はないようです。

「発酵」と「腐敗」という現象と同じです。菌がやっていることは、ただ物を腐らせているだけで、やっていることは同じですが、人間の役に立つように腐ったものを「発酵」と呼び、役に立たないように腐ったものを「腐敗」と人間が勝手に呼んできました。

同様に、憑いた雑霊さんは、その人が「ついてる」と言った場合には、「〝ついてる〟という言葉が出てくるように、この人にいろんな現象を見せなくてはならないのですね」とセットされます。「つかれた」と言った場合は、「〝つかれた〟と言わしめなくてはいけない」とセットされるのです。

呼吸できるだけで幸せ

さらに、その獣医さんのお話には続きがあります。

彼が「ありがとう」の言葉を一〇〇〇万回言い終わってから一年後のことです。さらに「ありがとう」の数をカウントし続けて、ついに二〇〇〇万回を超えた、とのことでした。

今度はどんな不思議な現象が降ってくるのか、ワクワクしていたそうです。

彼が語ったのは、次のようなことでした。

「どんなに楽しくて、面白くて、嬉しいことが起きるのかと思っていました。しかし、『ありがとう』の数が二〇〇〇万回を超えたあたりから、突然、わかったことがあります。それは、何も特別なことが起きない、楽しいこと、面白いことが起きるでもなく、普通に、**淡々と日々が過ぎていくことが、これ以上ないほど最高に幸せなことだ**、ということです」

これを聞いて「なーんだ」と思う人がいるかもしれません。

しかし、彼はついに、わかってしまったのです。

自分にとって楽しくて面白くて、嬉しい現象が起きる、つまり「私」の願いが叶ったから、感謝の気持ちになるというものではない、ということです。それは「感謝」の本質ではありません。

何も特別なことが起きず、ただ淡々と穏やかに日々が過ぎていくことが、「一〇〇%パーフェクトの感謝」なのです。

病気をしない、事故にも遭わない、何も起きないで過ごせることは、実は奇跡の連続と言えます。

私も同じことを感じた経験があります。

それは、二〇〇四年の「ネパール・チベット・ツアー」で、チベットのラサという標高約三五〇〇メートル以上の土地に行ったときのことです。

そこでは、ふだん私たちが生活している平地よりも格段に酸素が薄いため、まさに「呼吸をしているだけで幸せ」という状態を体験することができました。

ラサのような高地に飛行機でポンと降り立った場合、高山病になることがあります。ただ、着いてすぐには症状が出ないので、平地と同じような感覚で走り回っていると、五～六時間後に高山病が出ます。ですから、ラサでは私たちは、能の演者か歌舞伎役者のようにゆっくりした動きで過ごしました。

そういう生活を体験できたので、ラサから平地へ帰ってきたら、普通に呼吸できること、普通に動き回ることがどれほど幸せか……ということを、全員が身をもってしみじみわかりました。


そういうわけで、「ありがとう」を二〇〇〇万回言い終わった人が最終的に到達した境地が、**「淡々と何事もなく過ぎていく日々が、最も幸せだ」**ということは、本当にすごい情報なのです。

楽しいことを追い求めて、お金も時間も手間ヒマかけていないと楽しめない、という感性から、世間一般の人から見たら「だから何？」ということに楽しみを感じられるように、さらには、何もなくても楽しみや幸せを感じられるように自分の感性を磨いていくと、自分がいつも楽しくなります。

淡々と過ぎていく、今、この瞬間が「幸せの本質」

「今のは、ナシ、ナシ！」

英語で「過去」を「past」、「未来」を「future」、そして、「現在」を「present」と言います。

何も起きず、普通に淡々と時間が過ぎていく、今この瞬間こそ、「何も起きていない」のではなく、**宇宙や神から最高の「プレゼント（贈り物）」が来ている**ということです。

宇宙からのプレゼントは、過去にあるのでもなく、未来にあるのでもなく、**今、この瞬間に降ってきている**のです。

数千年前に言語をまとめた古代人は、この真実に気づいていたようです。そして、「現在」と「贈り物」を同じ言葉で表しました。

何かが起きてくれたら幸せなんだけど……という考え方では、いつまで経っても幸せにはなれません。もともと「幸せ」という漢字は、手かせから、人間が自由になった状態を表したものです。

「幸せは　歩いてこない　だから歩いて行くんだね」という歌がありましたが、本当は、今この瞬間がプレゼントなのですから、**「幸せは　歩いてこない　だから歩いて行ってもしょうがないんだね」**というのが正しい表現です。

あるとき、四〇歳くらいの女性が、このように言われました。

「実は息子から、正観さんにどうしてもお礼を言ってきてくれと頼まれました」

私が、「どうしてですか」と聞きましたところ、次のような経緯があったということです。

「私は半年ほど前から、正観さんのお話のテープを家で聞いていました。それを息子も聞いていたらしいのです。家にはすごく厳しくて息子にとっては苦手なおじいちゃんがいるのですが、息子は正観さんのテープを聞いてから半年間、『おじいちゃん、ありがとう』と言い続けたそうです。そしたら、半年経つころには、すごく優しいおじいちゃんになってくれた。それで、ありがたくてしょうがない。だから正観さんにお礼を言ってきて、と頼まれたのです」

「ありがとう」は、人のために言うのではなくて、自分のために言うものです。

だから言わないと損です。

誰かが何かをしてくれたら、何かありがたいことがあったら「ありがとう」と言うのは、まだまだ初心者です。

誰も何もしてくれないときに、宇宙に向かって「ありがとう、ありがとう」と言っていると、面白い「現象」が起きます。自分が「こうなったらいいな（ならなくてもいいけど）」と思っていたことが実現する場合があるのです。

ただし、執着しているとダメです。

「こうならなきゃ嫌だ」と思っている場合は「現象」は起きません。「執着」していると、宇宙とつながりません。

何か楽しいことが起きたら「ありがとう」ではなく、何事もなく、ただ無事に生かされていることにお礼を言うこと。何も起きていないこの瞬間が、実は神さまからの最高の「プレゼント」です。

日常生活の中に、喜びや幸せを感じ、感謝することができたら、その人は、何もなくても何も起こらなくても、ずっと幸せに生きていくことができます。

さらに、そのような感謝に満ちて生きている人には〝四次元の存在〟が応援・支援をしたくなるみたいです。

「あー、言ってしまった。ナシ、ナシ」

「ありがとうをたくさん言ったほうがよいという話を聞きました。ありがとうをカウントする方法を教えてください」という質問がありました。

実は、正確に数えるのは、向こう側の人、つまり神さまがやってくれています。

私たちは、だいたいでもいいのです。

正確にカウントしていると、モチベートされる（やる気になる）ので、それはそれでいいのですが、神さまのカウントのほうが正確だということがわかってくると、「お任せ」になってきます。ただ節目ごとに、何か現象が起きるらしいので、それを楽しんでいれば、さらにどんどん言うようになります。後はもう、ただ言っていればいいだけです。

以前書いた本の中で、

「不平不満、愚痴、泣き言、悪口、文句を言ってしまうと、チーンと音がして、それまで、ありがとうを何回言っていてもゼロにリセットされます」

という注意点があることを書きました。

しかし、不平不満、愚痴、泣き言、悪口、文句を言ってしまったら、一〇秒以内に、**「今のナシ、ナシ！　今のは間違いです！」**と、取り消した場合、ゼロにリセットされずに「ありがとう」が積算されるということがわかりました。

神さまによれば、不平不満、愚痴、泣き言、悪口、文句を言ったことよりも、言ったことに気がつかないことのほうが問題だそうです。

ちゃんと気がついて、「あー、言ってしまった。ナシ、ナシ」と言えば、それでよし、とのこと。神さまはいたって鷹揚《おうよう》な方のようです。

潜在能力を引き出す「キーワード」

「そうならなくてもいい」

ある人が、水泳教室に行ったときのこと。

最初に、鼻をつまんで潜る練習を何回かやった後、「では、浮いてみましょう」ということになりました。体を水面に横たえて「浮く」努力をしましたが、浮こうとして（「沈みたくない」と思って）力を入れたら、ブクブクと沈んでしまいました。

「先生、どうしても浮くことができません」と言うと、その先生は「そうですか。浮かべませんか。では、今度は沈んでみてください」と言いました。

怪訝《けげん》に思いながらも、鼻をつまみながら「沈んでみよう」と思ったところ、今度は沈むことができません。「もう、体を沈めてもかまわない」と思った瞬間、余分な力が抜けて、体が自然に「浮いてしまった」のです。

つまり、「浮きたい」と思って力が入っているときは浮かなくて、「沈んでしまってもかまわない」と全身の力を抜いているときは、逆に沈むことができなくて浮いてしまった、ということのようです。

この事実は、大変面白いことを意味しています。

以前、著書で、人間の潜在能力や超能力は、「こうでなければ嫌だ」とか、「こうならなければダメだ」と思った瞬間に出て来なくなり（脳波がβ《ベータ》波になるためです）、逆に、「そうならなくてもいい、でも、そうなるといいなあ。でもならなくてもかまわない」というように考えると、潜在能力が花開き、宇宙がそのように動くらしい……ということを書きました。

念ずる方法というのは、基本的に、まず**「0（ゼロ）ライン＝そうならなくて**

もいい」というものです。

「そうならなくてもいい」「そうならないのが当たり前」という基本を押さえたうえで、さらに、

「そうなったら嬉しい、幸せだ。けれど、そうならなくてもいい、それが当たり前。でもそうなるといいな。でも、そうでなくてもいい……」

というのが、潜在能力や超能力というものを引き出す「キーワード」らしいのです。

水泳で言うなら、「身を捨ててこそ浮かぶ瀬もあれ」ということです。泳げない人が溺《おぼ》れかかったとき、「溺れたくない、泳ぎたい」と思っているときは、なかなか浮かばないが、そこで全身の力を抜き「もう好きにしてくれ」と、流れに身を任せた瞬間、浮かぶこともある、というのが、この諺《ことわざ》の意味ですが、それは水泳にかぎらず、この世の現象すべてについて言えることらしいのです。

究極の修行で阿闍梨《あじゃり》さんがたどり着いた「答え」

比叡山《ひえいざん》に「千日回峰《せんにちかいほう》」という修行があります。

これは、七年（合計一〇〇〇日）をかけて山々を巡る、「世界で最も過酷」と言われる修行で、比叡山中を一日に三〇〜四〇キロ、七〇〇日（一年に一五〇日ほど）も歩き回り、残りの三〇〇日は、京都の市中に出て、一日七〇〜八〇キロ歩くというものです。

この「千日回峰」を達成した方を「阿闍梨《あじゃり》さん」と呼びますが、ある阿闍梨さんの話を新聞記事で読んだことがありました。

七〇〇日くらいまでは、その方は順調に来たそうです。ところが、その後、信者さんにいただいた食べ物にあたり、三日三晩、下痢《げり》、嘔吐《おうと》してしまいました。

それでもその方は、初めの二〜三日は七〇〜八〇キロを何とか歩いたそうですが、四日目くらいには、もう立つことも、歩くこともできないほど、ひどい状態になってしまいました。

そこで阿闍梨さんは「どうしようか」と考えました。「千日回峰」は、途中で修行を断念した場合は、「死」を覚悟しなくてはなりません。そのために、常に喉を突く短剣を持ち歩き、菅笠《すげがさ》の紐《ひも》で首を吊るようになっています。

阿闍梨さんは、短剣で喉を突こうか、それとも紐で首を吊ろうか、真剣に考えました。

しかし、そのどちらも痛かったり苦しそうだと思い、やめることにしました。けれども、今ここで山を下りれば、「千日回峰を断念した人」という評価をされ、おそらく日本の仏教界では生きていけないだろうと思ったということです。いっそのこと、外国で暮らそうか、とも考えましたが、英語がまったく話せないことに気がつき、それも断念しました。

そして悩みに悩んだ末、得た結論というのが、「このまま前にばったり倒れて、死んでしまうのが一番いい解決方法だ」というものでした。

阿闍梨さんは、鉛のように重たくなった体を起こし、本当に死んでしまうつもりで、前に踏み出しました。「これで死んでもいい。死んで、すべてのことを解決しよう」と……その瞬間に、あれほど鉛のように重たくて動かなかった体が、嘘のように軽くなり、動けるようになりました。

後日、阿闍梨さんは、そのときのことを、次のように回想しています。

「実のところ私は、七〇〇日くらいまではあまりにも順調に来ていたために、『神も仏も、本当は存在していないのではないか』とさえ考えていました。『そんなものがなくても、自分は、ここまですんなりとやってこれた。あと三〇〇日くらいは、ラクにこなせそうだ』と思っていました。

ところが、あのように体が動かなくなり、人間の力や意志ではどうしようもない状態になったとき、命を捨てて一歩踏み出した瞬間に、体が動くようになりました。あのとき、私は、『この世には、本当に神や仏が存在するのだ』と心の底から確信したのです」と。

「身を捨てた」から「体が浮かんだ」のです。

人間は、ものにこだわっているとき（「こうでなければならない」と思っているとき）は、現実処理の脳波であるβ《ベータ》波しか出てきません。それが、とらわれなくなり、心穏やかで、満ち足りて幸せなとき、特に感謝をしているときは、α《アルファ》波やθ《シータ》波が出てきます。このα波やθ波のレベルは、超能力を目覚めさせ、潜在能力を呼び起こし、ひいては宇宙の構造を自分の味方にすることができるらしいのです。

何かを「こうでなければならない」「こうせねばならない」と思っているうちは、なかなかその現象は、自分の思うようには変わっていきません。

「そうでなくてもいいけれども、そうなってくれたら嬉しい。でも、そうならなくてもいいけれど……」という考え方が、どうやら、潜在能力や超能力を引き出す大きなポイントになっているようです。

出るほうが先、入るほうは後

お金が倍、倍……！

お金の使い方を宇宙の構造から考えてみましょう。

就職する、自営業になる、手に職をつける、技術を身につける……。社会は、どうやってお金を手に入れるか、儲けるか、収入の道をいろいろと教えてくれます。

社会では、「入」のほうは優先的に教えてくれますが、「出」のほうを教えてくれる人はいません。

「出入口」という言葉を見ると、「出」という文字が先に書いてあります。例えば、タクシーが停まります。お客さんが降りるほうが先、入るほうが後。エレベーターが降りてきます。出るほうが先、入るほうが後。電車が停まります。出るほうが先、入るほうが後。

宇宙法則では、まず**出るほうが先**です。それなのに、社会はどうやって手に入れるかしか教えてくれません。だから、皆、困って頭を抱えています。

宇宙の法則は、**出るほうを勉強しないかぎり、入るほうがスムーズにならないという仕組みになっている**ようです。

「食欲がないんです。どうしたら食べられるようになりますか」と言うのは、出が悪いからです。腸が空っぽだったら、たくさん食べられます。食べられないのは、出ていないからです。

人間は、もともと管に手足がついただけですから、大した存在ではありません。上から入ってきて、出ていくだけの大きな管。その管の上に脳がついています。「食べること」と「考えること」がくっついたので、人間は複雑になってしまったのです。

管は、出るほうを先に制してしまえば、入るほうはかなり簡単です。最初に出のほうを考えることです。

お金に関しても、使い方をきちんと知っておくと、勝手に入ってくるという宇宙の法則があります。入るほうを研究して、勉強して、どうやって収入を得るか考えるのは大変で面倒ですが、**「どうやって使うか」**というのは、すごくラクで楽しい話です。そして、非常に人生がラクになって、お金のことについて考えなくて済むようになります。

「得」するお金の使い方

例えば自分の友人に、陶芸を始めて、プロでこれから食べていくという人が現れたとします。その人が三〇〇〇円でコーヒーカップを売っているときに、「じゃあ、私の名前を入れて一万円で作って」というようなお金の使い方をしてみましょう。

新しく商売や仕事を始めた人を励ますためには、「頑張ってね」と言うよりも、実際に商品を買ってあげることです。なるべく他のコーヒーカップは買わずに、その人にコーヒーカップを頼みます。

セーターを編むことを仕事にしている人には、「友達だから安くしてよ」と言って編み賃を出すのではなく、友達の場合は、より高く出してあげるようにします。

そういうお金の使い方をしていると、自分のところに倍返しで返ってきます。そして、その人が五年、一〇年たって充分に一人でやっていけるようになったら、その人にあえて仕事を頼まなくてもよくなります。次に若手で新しく仕事を始める人がいたら、その人に使ってあげればいいのです。

ひとことで言うと、自分のわがままのためにお金を使うのではなくて、**喜ばれるようにお金を使うこと**です。

そのように使ったお金は、倍返しで自分のところに返ってきます。そのお金をまた喜ばれるように使ってあげると、今度は四倍になって返ってきます。四倍になったお金をまた喜ばれるように使ってあげると、今度は八倍になって返ってきます。

しかし、ここで貯め込もうとしてはいけません。ずっと、喜ばれるように使ってあげること。自分のところに貯め込まないで、喜ばれるように使っていくと、どんどん拡大して入ってきます。

途中でお金が入ってこなくなる人がいますが、それはどこかで貯め込んだり、自分の贅沢のために使ったりするからです。妙な自我が入り始めると、お金の流れがストップしてしまいます。

私たちは、エネルギーを通すための管なのです。お金はそのエネルギーの一部ですが、その管の中にゴミが溜まると通らなくなります。そのゴミを別の言葉で言うと、「自我」といいます。

なぜ、トイレ掃除をすると運がよくなるのか

自我を溜めないための一番良い方法は、トイレを掃除すること。トイレ掃除をしているとお金のことを含めて、自我がどんどん溜まらなくなっていって、面白いことに自分を好きになります。

トイレ掃除をしている自分を好きになると、きれいな家庭が好きになります。そして、家がきれいになるといいなあ、自分の隣近所もきれいになるといいなあ、川がきれいになるといいなあ、地球がきれいになるといいなあと思うようになります。

結局、トイレ掃除をやっている人は、きれいさの範囲がだんだんと広がっていって、きれいなものが好きになっていきます。

そして、自分もきれいな生き方になってきて、周りの人からは、「わあ、格好いい」「わあ、素敵」とか言われるようになります。「どうして、トイレ掃除をし

ているのを誰にも見せていないのに、『格好いい』と言われるのだろう」と思うようになるかもしれません。

お金がちょっと多めに入ったからといって、高い車や高い服、高い宝石などを買おうというのは、やめたほうがいい。どんなにお金が入ってきても、普通の庶民の生活を淡々と続けていくことが大事です。

普通の庶民と違うことにお金を使い始めると、神さまと宇宙さんが、この人にお灸《きゅう》を据《す》えなくてはいけない、という動きになります。

これは、お金の出し方・使い方についての法則です。入りのことはなにも考えなくていいから、出のことを考えていればよい、という法則。

まず、便秘を解消すれば、食べられます。出るほうが先なのです。

今まで学校教育で教えてきたことは、「入り」だけだったので、辛く大変な思いでお金が入る方法を考えてきたと思います。しかし、お金の法則は、「出」のほうを制すれば、勝手に入ってきます。

でも、もう一度言いますが、入ってきたからといって、貯めたり、贅沢や華美に流れてはいけません。

皆さんのところにお金が回っていって、その周りの人にお金が流れていくようになると、お金自身が喜ぶだけでなく、周りの人もその人が潤ってほしいと思うようになります。

手に入れる〈前半生〉、捨てる〈後半生〉

喜ばれる存在になる

就職、転職などの相談をお受けする機会も多いので、ここでは仕事に関する宇宙論をお話ししましょう。

まず、仕事というのは字を見てもわかるように〈事にお仕えする〉というのが、本来の意味です。

すべての仕事は、その奥に**〈いかに喜ばれる存在になるか〉**という要素を含んでいるので、どのような職種の仕事に就いてもいいと思います。

もちろん若いときは、自分の望みどおりの仕事を選びたいと思うのが当然でしょうが、ただ、四十代とかそれ以降の〝人生の折り返し地点〟を「もう過ぎたかな」と思う人は、**自分で「何かをしたい」と考えるよりも、頼まれごとが持ち込まれたら、それを引き受けていく**というスタイルのほうが、どうも楽なような気がします。

例えば、転職を希望するよりも、自分が今置かれている所で〈いかに喜ばれる存在になるか〉ということをやっていくと、どうも面白い風が吹いてくるようです。

例えば、こういう原理があります。

次のページの図のような競技場があります。競技場の真ん中は折り返し地点になっていて、ここが人生の折り返し地点だと思ってください。ここまでが、前半生です。

私たちは、競技場をマラソンランナーのように走っています。

走る途中には風が吹いていて、人生の折り返し地点（前半生）までは、努力し頑張ることが追い風になっています。

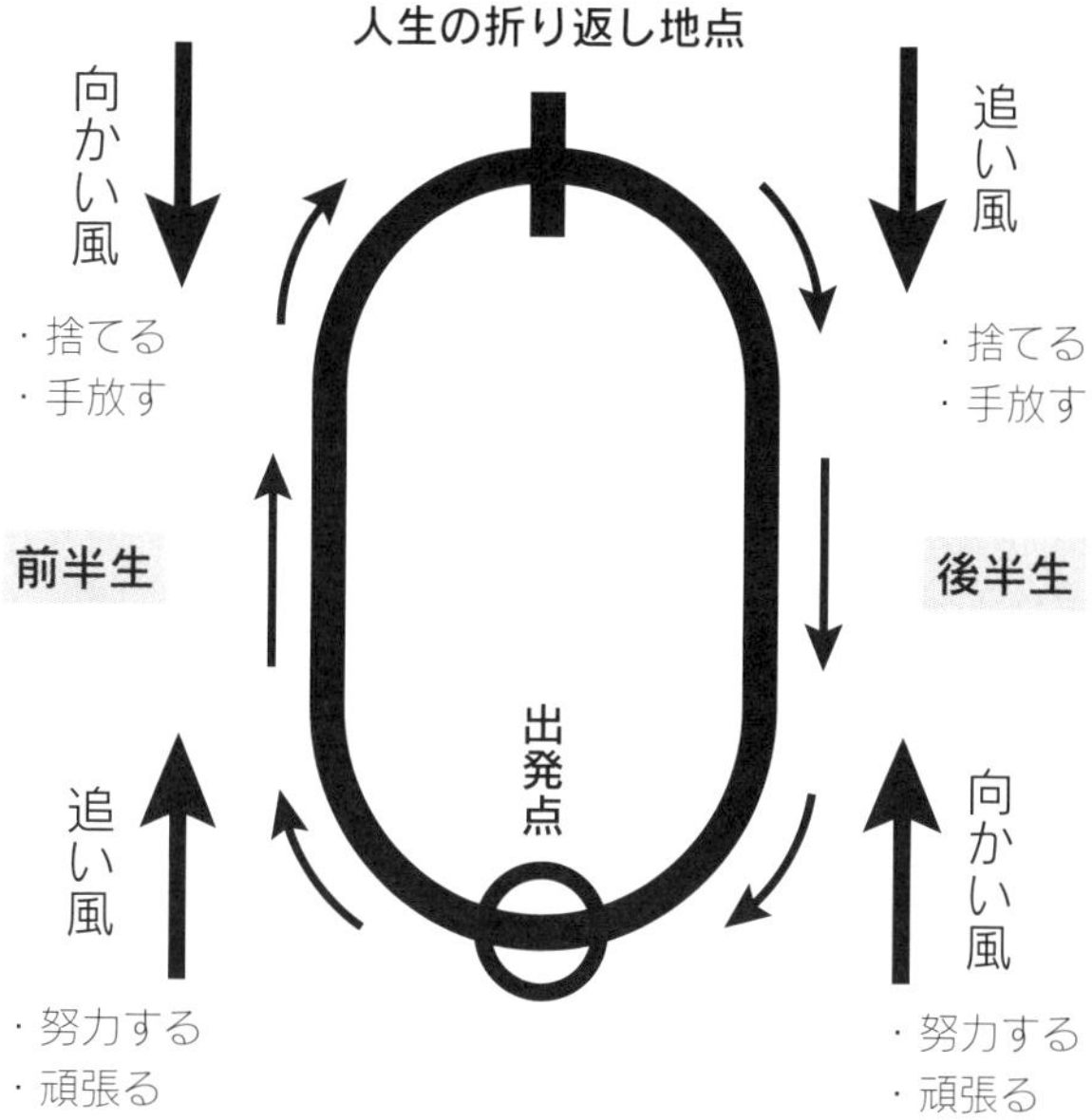

風圧を考えれば、自分が今、どこにいるのかわかる

ところが、折り返し地点を過ぎると（後半生）、努力して求めれば求めるほど、同じ風が今度は向かい風になります。前半生とは逆に、捨てていくことが追い風になってくれるのです。

この〝捨てる〟というのは、物ではなくて〈自我〉ということ。人生の構造は、どうもこんなふうになっているようです。

「捨てる」が人生後半戦の追い風になる

仕事を選ぶ際にも、この原理は役立ちそうです。

前半生では、夢や希望を持ち、何かを得たいと思うそのパワーやエネルギーが強ければ強いほど、それが原動力となって前に突き動かしてくれます。追い風ですから、押していってくれます。ですから、若いときの〝手放す〟は、向かい風になります。

しかし、若いときに追い風だったものが、折り返し地点を過ぎたあたりから、突然、風向きが変わり、自分が望めば望むだけ、求めれば求めるだけ、向かい風になります。

逆に、こだわりや執着を捨てれば捨てるほど、後半生では、向かい風が小さくなって、追い風の力が大きくなります。

状況が一変し、今まで信じていたことが、まったく逆の力になって、かかわってくるということがわかります。

この〝折り返し地点〟というのは、自分が死を迎える年齢の半分です。

折り返し地点を過ぎたと思う人は、捨てていく側にいるので、執着して何かを得ようとするよりも、**〈自我〉を手放して、いかに自分がその風に向かっていくかを考え始めると、それが追い風になる**ようです。

この構造論がわかってくると、もう迷わずに生きていけそうです。

ただ「頑張りなさい、努力しなさい」と言われ続け、その方向だけで人生を組み立てていくと、途中で逆風をもろに受けますが、風向きや風圧を意識していると、自分が今、どの地点にいるかがわかります。

そこで手放していく方向に変えていくとします。すると面白いことに、自分がこだわらない、とらわれない、欲求欲望に支配されない状態になると、仕事の場合は、かえって成果が上がってくるのです。追い風の状態になっているので、数字を追い求めないほど、逆に数字がついてくるのでしょう。

「もう、自分は折り返し地点を過ぎたな」と思う人は、こだわりや執着を捨てていく生き方をお勧めします。身をゆだねることができたら、すごく楽な人生が待っています。

後半生は、捨てれば捨てるほど、心も体もラクに軽くなっていきます。軽くなるということは、追い風が吹いてくれば自分の足で歩かなくても済むということです。風が全部押してくれますから、逆風がない分どんどん前に進んでいきます。

風圧が示してくれている自分の今のポジションがわかったら、安心して風に吹かれて生きていくことができるでしょう。

第二章

人生の味方をつくる

すべてを味方、すべてが味方

おかげさま

人生とは味方をつくる日々です。味方をつくる日々とは、上昇志向を持って一生懸命に自分の尻を叩くことではありません。

目の前に存在する一人ひとりに、**「私の力では、とても及ばない状態で生きています。皆さんのおかげです。ありがとう」**と言って頭を下げていくと、人生はそれだけで勝手に進んでいきます。

ある有名なメーカーでの話です。

社長が急死し、その後を、会社のことなどまったく何も知らない奥さんが受け継ぐことになりました。社員を掌握しているわけでもなく、どんな商品が出ているのかもわからず、取引先の人に何も説明できません。ただ、夫が急死したので受け継いだのでした。

そこで、この奥さんは、社員と取引先に「ありがとう」「ありがとう」「ありがとう」とただ頭を下げることにしました。「皆さんのお陰で成り立っています。ありがとう」と言っていたら、何も経営手腕は発揮していないのに、売り上げが三倍になったそうです。

今でも商品のこと、取引先のことは全然わからないままですが、人に会うたびに、ただひたすら、「皆さんのお陰です。ありがとうございます」と頭を下げています。この人のところには、全国から講演依頼が殺到しているそうです。

経営手腕が優れていたから、売り上げが三倍になったという話ではありません。何も知らないので、「皆さん助けてくださって、ありがとう」と言っていただけでした。

夫が存命中も、商品は売れていましたが、そのときよりも、「ありがとう」を言っているときのほうが、売り上げが三倍になったのです。

こういう事実が面白い。なぜでしょう。それは、味方をたくさんつくったからです。

味方をつくると、人生は面白くなります。

ですから、損得勘定として、今日から味方をつくることをお勧めします。お金も仕事も子どもも夫も舅も姑も全部味方にするのです。

初対面の人にまで、「ありがとう」と言って味方につけていったら、結果として、人生は楽しいだけになります。今日からたくさんの味方をつくって生きていくと、面白いと思います。

力を抜くだけでも充分にラクになれますが、更に毎日意識しながら味方をつくっていくと、困ったときに味方がたくさんいることになります。

七〇歳くらいの方とお話をしていたときのことです。

「インターネットには、『うたし会』（※）のページもあるし、小林正観の日程も出てきます。インターネットができると便利ですよ」

という話をしたら、このような答えが返ってきました。

「わかりました。インターネットができる友人を、もう一人つくれということですね」

すごい発想です。七〇歳になっても、すごく頭が柔らかい。自分がインターネットを覚えなくてもいい、パソコンを覚えなくてもいい、そういうのができる友人を一人増やしていけばいいというのですから。

これが人生を面白くする秘訣です。

自分が全部やるのではなく、自分の努力や頑張りを第一に考えるのではなく、まず友人や知人を探すという方法です。このように考えると、人生がけっこう面白くなります。

力を抜いてラクになる、というのが一歩進んだ方法ですが、更に進んだ方法というのが、**他人を当てにすること**です。他人を当てにすることができ、なおかつ自分も当てにされるという人間関係、これが一番楽しい関係になります。

※現在「うたし会」はありませんが、小林正観さんの情報は（株）ＳＫＰのホームページで提供しています。
http://www.skp358.com/

すべては人の「おかげさま」

人との縁は、自然に切れることはありません。「袖《そで》すり合うも他生《たしょう》の縁《えん》」というとおり、出会った人とはすべて大事にすべき「他生の縁」がありますが、その縁が切れるときは、**すべて気づかないうちに自分から切っているの**です。

出会ったときは名もなき若者であっても、一〇年後には社長になり、思いがけないところで助けてくれる人かもしれません。そう考えると、誰を大事にして誰を大事にしないということはできなくなります。出会う人すべてをあだやおろそかにできないのです。

私はラッキーだった、ついていたと言える人は、神仏、守護霊、宇宙を味方にしてきたということです。そして、ラッキーで運が良くて生きてきたというのは、「おかげさま」で生きてきました、と言っているのと同じです。

「私」の力や実力で生きてきたのではなく、目に見える存在、目に見えない存在、みんなのお陰で生きてきました、ということです。

そして、物事の本質がわかっている人は、素直に人のお世話になることができます。**自分ひとりでちゃんとやっているつもりでもたかが知れているということがわかってくると、人に甘えて生きるということができるようになります。**

「失脚」という言葉は、「脚」を「失」うと書きますが、この日本語はたいへん重要なことを教えてくれていたのです。今まで支えてくれていた「脚」を失った状態を「失脚」と言っているのです。失脚という場合、その人はそれまで、自分の努力で自分の脚で立っていたと思っていたかもしれませんが、実はその人を支え、押し上げてくれていたものから見放されてしまったということだったかもしれません。

したがって、「失脚」したら、人間は人の間で生きているということを改めて知ることになります。と同時に、自分の実力ではなく、すべて「おかげさま」なのだ、ということに思い至るでしょう。

人生という旅の中で出会った人すべてを味方にしていくことが人間の本質です。

反対に、お世話になった人への感謝を忘れていると、もう支援をしてもらえないどころか、敵をつくってしまうことにもなりかねません。

たとえ成功して自分の足で歩いていけるようになっても、その恩を忘れておろそかにしてはならないのです。

人生は味方をつくっていく作業であり、味方をどんどん増やしていくと、その後の人生もずっと豊かで楽しいものになっていくようです。

頑張らない、闘わない、競わない

「ありがとうの法則」というのは、自分が自分の意志で生きているのではなくて、ありとあらゆるものの支援によって生きているということがわかること。それがわかってしまえば、三次元的な周囲の人間も、四次元的な存在も、すべて味方につけることができるようになります。

「今まで、人に迷惑をかけずに生きてきたのに、どうして私は病気になってしまったのか」と言う人がいました。果たして迷惑をかけずに生きるということが可能なのでしょうか。

自分が着ている服の糸一本さえ、自分で織《お》ることはできません。お茶を飲むときの茶葉も、湯飲み茶碗も、自分で作っているという人は稀《まれ》でしょう。それを載せている机も、床も……というように、ありとあらゆることに他者の力を借りながら生きています。さらに、水がなければ人間は生きられませんが、この「水」は、何者かが生命を維持するために与えてくれているものです。

「人に迷惑をかけない」という生き方も立派ですが、実は、そこにいくばくかの「驕《おご》り、高ぶり」が見え隠れします。人間は、ことほどさように迷惑をかけなければ生きていかれない存在なのです。

ですから、「おかげさま」で生きてきた、とすべてのものに感謝をしながら生きていくほうが本質なのかもしれません。

そう申し上げると、その方は、「今まで、ぜんぜん感謝をしたことがなかった」とおっしゃいました。「これからは、感謝をして生きていきます」とのことでした。

そして、なんとその方は、余命三カ月と宣告されたのに、一年以上も生きています。もしかすると、感謝を始めたことで、体の中の組成構造が変わったのかもしれません。

すべての人、物、現象を大事にし、感謝をして生きていくことは、自分が生きていくことを助けてもらうということでもあります。

「人に頼るな」「自分の力で生きていきなさい」と教育されてきた私たちには少し抵抗があるかもしれませんが、こんな生き方はどうでしょうか。**人の温かさを当てにして生きていく**のです。そして、人から温かさを求められたら、自分もできるかぎり温かさを提供することにしませんか。

頑張らない、闘わない、競わないという人々の社会は、ただ温かさだけに満ちています。

幸せの語源は、お互いに「為《な》し合う」こと

「天国の住人」「地獄の住人」

人生というものを列車に例えてみます。その列車に乗って、今、私たちは旅をしていると思ってみてください。

さて、この列車がトンネルの中に入っている状態は、生きているときでしょうか、それとも死んでいるときでしょうか。

仮に、トンネルの中に入っているときが肉体を持っている状態だと認識してください。トンネルを抜けて、青空の下にいるのが死んでいる状態ということにしましょう。

これを踏まえて考えると、死後の世界というものを、非常にわかりやすく説明できます。

肉体という制約を受けて私たちが乗っている列車は、トンネルの中の線路をずっと走っています。ところが、あるとき制約の多い状態から解放され、トンネルを出て列車が止まります（つまり、肉体の死）。魂だけに戻ります。

列車から降りて左右を見渡すと、きれいなお花畑が広がっていて、そこにはたくさんのおいしそうな料理が並んでいます。

バイキング形式の取り放題、食べ放題で、左右どちらに降りても状況は一緒です。ただ、そこには、自分の名前が書かれた、身長分の一・六メートルとか一・七メートルの箸《はし》が置いてあります。ところが、その箸で料理を食べようとすると、当然長すぎて食べられません。

線路の左側の人たちは、自分の箸で自分の口に持っていくため、せっかくおいしい料理が並んでいるにもかかわらず、いつもお腹をすかせています。みんながイライラしてケンカをしています。

ここでの心の状態は、悲しいことに餓鬼《がき》のような世界に見えます。

これに対して、線路の右側に降りた人は、箸の長さや状況は同じだというのに、みんながニコニコして、「おいしいね、ありがとう」と言いながら食べています。

なぜでしょう？

右側の人たちは、**〈みんながお互いに食べさせ合っている〉**からです。

その結果、好きなだけ料理が食べられて、なおかつ自分ひとりで食べるよりも、目の前の人に食べさせてあげることで、より「おいしい」「嬉しい」ということにも気がつきました。

おまけに、「ありがとう」の笑顔つきです！

お互いにしてあげ合うことが、**〈為し合わせ〉**＝**〈なしあわせ〉**ということでした。

これは、「やってもらう」「してもらう」という考え方ではなく、「(心をこめて)させていただく」「(善意と好意による申し出は、すべてありがたく受けて)

させていただく」という、**お互いが喜んでしてあげ合う状態が、幸せの本質であり、究極の幸せの姿**らしいということです。

列車を降りたとき、右側も左側も宇宙構造としては、何ひとつ変わってはいません。どちらも状況は同じです。右側の世界を「天国」、左側を「地獄」と呼びます。私たちが言っている「天国」と「地獄」というのは、そういう意味で存在しているのではないでしょうか。

自分が乗っている列車が、トンネルを抜けたとき（死んだとき）、左右どちらに降りるかを決めるのは、実は、トンネルの中（生きているとき）です。

自分が〈為し合わせ〉の方向で生き始めると、その世界の側のドアが開きます。当然、降りる場所も生き方と対応して変わってきます。

この部分がわかれば、死後のことを心配する必要はありません。

今、列車の中にいる自分が、どちら側のドアから乗ったのか、それだけを考えればいいのですから。

良き友（この人に喜ばれたいと思える人）を設定する人生

私は、人生を歩んでゆく指針のひとつとして、**「いつも良き友を持っていなさい」**ということをお話ししています。

私たちが、この肉体を頂いているのは**〈良き友を得るため〉**でもあるのです。〈良き友〉の定義とは、**「この人に喜ばれたい」**と思う人を、自分の目の前に設定することです。その人が喜んでくれ、その人が笑顔になってくれることが自分にとって「嬉しい」と思う、そうした関係を〈友〉と言います。

その〈友〉を得るために、私たちは存在しています。目の前に現れるすべての人が、その〈良き友〉であり得るのです。

〈良き友〉というのは、相互通行です。すなわち〝為し合う〟関係です。相手の存在が自分の喜びとなり、相手からも「あなたの友でいたい」と思われる関係です。

そういう友をつくること、そんな友に出会って、その人から「ありがとう」とか「嬉しい」と喜ばれたときに、人はこれ以上ないほどの幸せを体験します。

人に喜ばれたときの〝喜び〟は、自分が喜ぶときの〝喜び〟とは比べられない大きさ。これを味わえるのが〝為し合わせ〟であって、「幸せ」という名の語源でした。

心の中には良心とか良識とか呼ばれるものが組み込まれていますが、お互いのことを深く思いやり、してあげ合う（為し合う）ことで、より幸せを感じるようにプログラムされているようです。

「薄味になる」と人は集まる

「いい仲間」の法則

私の話を聞いてくださっている一人に、たくさんの人を雇用している方がいます。その方から、こんなことを言われたことがあります。

「正観さんの周りには、とても楽しい人、面白い人、素敵な人が集まっていますが、どうしてでしょうか。そのコツのようなものはあるのでしょうか」

私も、私の周りに集まる人は、普通の人よりも、楽しくて、面白くて、素敵な人が多いと思います。外から見ても、そのように思われているようです。

でも、どうして、そういう人が集まるのか、あまり話したことはありません。

これは、本当に秘密の話です。

人を雇う方や人の中心になるような方は、この情報を知っておくとためになるかもしれません。


質問をします。

「日本の主食は何でしょう？」

日本の主食は〝米〟。

「西洋の主食は何でしょう？」

西洋の主食は〝パン〟。

「では、お米とパンに共通していることは何でしょう？」

それは〝無味無臭〟であるということ。


例えば、ステーキはいろいろなお店で、シェフが独自の味付けをしています。

それは、それでおいしいものです。スパゲティなら、トマトだったり、バジリコだったり、キノコだったり、クリームソースだったり、というようにいろいろな味付けをすると、それなりにおいしくなります。

しかし、おいしいものが月に三〇日出てきて、主食になりうるかと言うと、なりません。なぜかというと、主食の絶対的な条件は無味無臭であることだからです。

すなわち、主食の条件は〝味が薄い〟こと。

主食の味が薄いと、周りのおかずはどんな味でも引き立ちます。そして、いい味のものが周りにたくさん集まって、全部が「おいしい」と言われるようになります。

このことから、人が集まるところで、中心にいる人は、どのように生きればよいかが見えてくるのではないでしょうか。

実は、中心にいる人は**〝いかに味が薄くなるか〟**ということが重要らしいのです。

これがわかってくると、とても面白くなります。

一人ひとりが主役

たくさんの人に囲まれて、グループの中心に存在する人が、すごく個性的で自己主張していることがあります。このような自己主張の強い人の周りに集まっている人は、味の薄い人が多くなってしまいます。味の濃い人は、そばにいることが許されません。あなたは味が濃すぎる、と中心にいる人から蹴《け》られてしまうのです。

個性があったり、優しさをたくさん持っていたり、多くの人に囲まれるような人柄を持っている人ほど、自己主張が強い人から罵倒されると嫌になってしまいます。

ところが、中心にいる人の味が薄ければ薄いほど、味が濃い人でも蹴られずに、「いい味だよね」「こういう味だよね」「おいしい味だよね」と言ってもらえるので、一人ひとりが、すごく楽しくて集まってきます。そして、おいしい味の人同

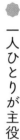

士が、「あなたもいい味だよね」「いいえ、あなたこそ」とお互い褒めたたえ合う集団になります。しかも主食は別の人なので、集まってくる人は、自分が主食になろうとはしません。

だから、自分が志したわけではないのに、たまたまグループの中心になってしまったというような人の周りには、面白い人が集まってくるようです。

多くの方が私の話を面白いと言ってくれますが、よく聞いていただけると、私が自己主張をしていないのがわかると思います。私は世の中をこうしよう、こういうふうに変えようとして話をしているわけではありません。知っている情報を話しているだけです。「そんな話は聞きたくないよ」と言うのであれば、しゃべりません。

講演会では、よく「聞きたいですか」と集まった人に聞いています。今のところ「答えを聞きたい」と言われるものですから、冗談が四九%、本気が五一%で話しています。聞きたくないという人がいたら、しゃべりません。自己主張したいわけではないのです。

その人が中心にならざるを得ないという状況が発生したとき、どれほど面白い人がたくさん集まるかというのは、一点にかかっています。それは、その人が自己主張を色濃く出さないこと。薄ければ、薄いほど面白い人が集まってくるように思います。

これは、今後役に立つ情報です。頭の片隅に入れておくといいと思います。自分が淡々と生きるのはいいですが、「こういう生き方をすべきだ」と大声で言い始めると、周りが息苦しくなります。情報は伝えても淡々と生きていくこと。そうすると、周りに人が集まってくるようなのです。

私が中心となって開いている交流会などでは、私がいるかどうかに関係なく、みんなが楽しそうに騒いでいます。

「あの人がいないと話が盛り上がらないよね」というのは、一見いいことのように思えますが、そのグループはあまり発展していかないのではないでしょうか。

一人ひとりが主役。これが、楽しい仲間、いい仲間が集まる法則らしいのです。

運命とは「人が運んでくるもの」

目の前の人を大切に

人間関係のことについて述べたので、それに続けて**「運命」**と**「宿命」**について述べたいと思います。

「運命」と「宿命」という言葉は、混同して使われやすいのですが、「宿命」とは**「宿っている命題」**のことを言います。

つまり、生まれながらにして、その人が背負っているものです。生年月日や性別、どんな親の下に生まれたか……など、今目覚めている意識（顕在意識）では変えられないものを言います。

これは、実際には自分ですべてプログラムして生まれてきているようなのですが、とりあえず、今私たちが生きている中で、自分で決定したと思えないことを「宿命」と言います。

一方、「運命」というのは、**「運ばれてくる命題」**のことです。つまり、自分の意志で何かを決定できる、という状況のときに起きる「現象」を指します。「運ばれてくる」というのは、大変面白い表現です。何によって運ばれてくるかというと、「人」によって運ばれてきます。**人生は、人との出会いによって組み立てられているらしい**のです。

「運がいい人」「運が悪い人」の特徴

私たちは、一人ひとりを本当に大切にしているか、ということを常に考える必要があります。

例えば、手紙をくれた人に返事を書こうと思いながら、つい書きそびれて月日が経ってしまい、いつの間にか忘れてしまうことは少なくありません。同じように宅配便で何かを贈ってもらったとき、すぐに礼状を出せばいいものを、「そのうちに」と思っていると、先方から電話があり「着きましたか」と聞かれることになります。

贈ってくれた人は、何も礼状が欲しいわけではなく、届いたかどうか、確認したいだけです。ですから、「届きました。ありがとう」という礼状を出す（あるいは電話をする）ことが、その人を大切にすることになるのですが、私たちは、ついついなおざりにしているような気がします。

一人ひとりを本当に大切にしているかどうかで、実はその人の「運命」が決まってきます。**「運命」というものは「人が運んでくるもの」**です。運んできてくださった人に「感謝」し、「手を合わせる」、ということを続けていると、その人の人生は、「嬉しさ」や「楽しさ」、「喜び」に満ちたものになっていきます。

極端に言うと、「運命」には「運がいい」とか「運が悪い」ということはありません。「運が悪い人」というのは、**目の前の「運」（人）を見過ごしている**（大切に思っていない）ということにほかなりません。

一人ひとりを大切にしている人は、必ず良い「運命」を手に入れます。「運」は「人によって運ばれてくるもの」なのですから。

こんなことがありました。毎月四泊五日の合宿があるのですが、ここ二年ほどずっと欠席だった男性から、突然電話がありました。「最近は、合宿はないのですか」と。

次の合宿は、翌日行われることになっていたので、彼は久しぶりに参加することになりました。たまたま往きの車の席が一つだけ空いていたという事情もあり、そこでゆっくり話す時間がありました。

連絡してこなかったのは「忙しかった」という理由でした。

参加しないのも参加できないのも、別にかまわないのです。実際、忙しかったり、先約があったり、ということはよくあることですから。

参加するか、しないか、ということは大した問題ではありません。ただ、参加できないのなら、電話を一本入れれば済むことです。それくらいの親しさはあったはずなのですが、彼からは何の連絡もありませんでした。彼が来なくなってからも、「案内」は一年ほど出していましたが、何の音沙汰もないため、この一年くらいは連絡をしていませんでした。それが、彼からの突然の電話で、「またあそこに集まる仲間と会って話をしたい」ということで、再会することになったのです。

なぜ、彼は久しぶりに連絡をしてきたのでしょう……。

彼は、ちょうど仕事を辞めたところでした。「いろいろなことが、思うようにいかない」「人間関係もうまくいかない」「自分は、ついていない、不運な人間だ」、そして、「今までの人生もずっとついてなかった」と思っているということでした。

そこで、彼に「運命」ということの意味を話しました。

つまり、「運命」というものは、「人によって運ばれてくるもので」、それを運んでくれる人は、「運んでいますよ」と声高に言うことはない。**ただ黙々と、目の前を通り過ぎて行くだけなのだ……**と。

しかも、その通り過ぎて行く人数は、誰に対しても平等です。ただ、それをしっかり見ることができるかどうか、ということです。

「運にめぐまれている人」というのは、別に次から次へと「幸運がやってくる人」という人ではありません。

一人ひとりを、とても大切にしている人なのです。人との「出会い」や「つき合い」を大切にしていくかどうかで、自分の将来が決まっていく、ということに気がつかなければいけません。

一人ひとりを大切にしない人に「幸運」はありません。つまり、良いものが運ばれてくることはないのです。

逆に、一人ひとりを大切にしている人（社会的な地位や身分というものには関係なく、人間一人ひとりを本当に大切にしている人）は、「幸運」を手に入れます。それは、金銭的、経済的にプラスになるということではなく、目に見えない「運の良さ」というものです。

「今まで自分は、運が悪かった」「ついてなかった」と嘆く人は、もしかしたら、一人ひとりを大切にしてこなかったのではないでしょうか。もう一度、自分の日常生活を見直してみましょう。

報酬や仕事というものに関わっていなくても、自分と縁のある人、出会う人というのが必ずいるはずです。その一人ひとりを、できるだけ大切にしていくことです。そうすれば、今までにない「幸運」な日々が展開していきます。

人格で勝負をする

「仕事がうまくいく」法

ある自動車販売会社の営業部に、数年間トップの成績を出し続けている人がいました。営業所の所長より高い報酬をもらっていたそうです。

業界誌だったか雑誌だったか、記者が彼を取材に行ったときのことです。

「どうしたらトップの成績をあげられるんですか？」という記者の質問に対し、「いえ、何もしておりません」というのが、彼の答えでした。事実、彼はその日一日、新聞や雑誌を見て過ごしていたといいます。

しかし、それでは記事になりません。記者は翌日も足を運びましたが、彼はその日も一日中本を読んだり、同僚と喋《しゃべ》っているだけで、本当に「何もしていない」。「営業」につきものの、歩き回ったり、電話をかけたりもしない。ただ、頻繁に電話は鳴っていたそうです。

「表に見えない何かがあるに違いない」、そう思った記者は、彼の周りを取材し始めました。そして、次のようなことがわかりました。

彼は、多くの家族・家庭と親戚のような付き合いをしていたのです。

例えば、ある家の子どもが高校に入った、大学に受かったなどというときには、花束やお祝いを届けたり、年ごろの若者がいれば、お見合いの相手を探してきたり〝偶然〟を装って会わせたりするのです。

お年寄りが体の不調を訴えれば、評判のいい専門の病院を紹介し、一家の主人や主婦には結婚記念日や誕生日のお祝いを……。

本人たちも忘れているような日でさえ、彼は忘れずに、必ず祝いのカードや花を届けるというのですから、受け取るほうの感激も小さいものではなかったでしょう。

私たちにもそういう付き合いをしている仲の良い家族がいくつかはあるものですが、彼の場合はそれが数百という数でした。その家族の人たちは、車を買い替えるときになると、必ず彼に電話をしてきたのです。平均的に車は五～六年で買い替えるものですから、彼のデスクの電話は毎日毎日、鳴り続けることになりました。

電話が来ると、彼は、「じゃ、若い者をやりますから」と社員の若者を行かせ、相手の希望車種や色を聞き取らせます。彼自身が車の話をすることは、ほとんどなかったようです。

時には「いやあ、私は車のことはよくわからないので」と発言して、周りの人を大爆笑させたりしたらしいのですが、その発言はジョークではなく〝本音〟であったのかもしれません。

仕事が思うように進まないときは……

この営業マンの話をある集まりでしていたところ、ある人が「それじゃあ、仕事が車のセールスでなくても一向にかまわないじゃありませんか」と言いました。

「その商品が何であってもいいわけですよね」と言うのです。

私は、その発言をした男性に、「今、ものすごく重要な発言をしたのですが、自分で気づいていますか?」と聞きました。

彼は怪訝そうな顔をして、

「そんな重要なことを言いましたか」と、キョトンとしています。周りの人が皆、こちらに顔を向けました。

「すごく重要なことを言ったのですよ。宇宙の方程式の一つに気がついたと言ってもよいかもしれません。つまり、この人は車の販売でなくてもよかったわけです。損害保険でも生命保険でもいいし、いわゆる営業とかセールスの分野でなくても、八百屋さんでも魚屋さんでも、クリーニング屋さんでもいい。何をやっても楽しいでしょうね。物を売っているのとは違うのですから」

「人格を売っている、ということですか」と、別の人が聞きました。

「そう、人格や人間性、あるいは、自分を売っている、ということでしょうね。人格で勝負している、と言ってもよいかもしれません。その人は〝喜ばれる存在〟になったのです。だから多くの人がその人に関わりたいと思うのです。その家庭の〝主治医〟みたいなもので、病気のこと、家族のこと、仕事のこと、何でも相談できたのでしょう。当然、車についてもその人に相談するでしょうし、結果として車も売れたということでしょうね」と説明しました。

この人が〝営業〟のために〝成績〟のためにやっている、と考えていたら、このやり方は続かなかったかもしれません。意欲も続かないでしょうし、それぞれの家庭が下心を見抜いて、嫌悪感を持ったかもしれません。

しかし、この人は、多分人が好きでお付き合いが好きで、本気で、本音で、自らの喜びで、一つひとつの家庭に関わっていたのではないでしょうか。

子どもの成長も入学も、我がことのように、自分の家族のことのように、嬉しかったに違いありません。この人の優れたところは、私たちのようにその相手が数家族というのでなく、何百という数の家庭に対して同じ温かさや思いやりを持てた、ということです。

この人は〝営業〟でも〝仕事〟でもなく、多くの人と単に楽しい〝お付き合い〟をしていただけ、だったのかもしれません。きっとこの人は楽しい日々を送っていたことでしょう。

営業成績がトップだったのは〝結果〟でした。毎日の気配りに対しても、ああ疲れた、大変だ、と思うことはなく、むしろ、こんな楽しく幸せに暮らしていていいんだろうか、他の人に申し訳ない、と思いながら生きていたのではないかと思います。

〝私は何もしていない〟という言葉は、やはり本音だったのかもしれません。

「仕事が思うように進まない」と思ったとき、この事例を思い出してみてください。

原点は**「一人ひとりを大切にすること」「一つひとつを大事にすること」**です。「忙しい」という字は、「心を亡くす」と書きます。「忙しい」「忙しい」と言い続けて「一人ひとり」「一つひとつ」を大事にすることを、忘れてきたのかもしれません。

相手を大事にしていれば、きっと〝喜ばれる存在〟になることでしょう。そうなれば、どんな仕事でも楽しくこなせて、しかも良い結果が出るに違いありません。

スリランカの悪《あく》魔《ま》祓《ばら》い

いつもの三条件

先日、ある友人と久しぶりに会いました。そのとき、面白い話を聞きました。

私と会う前の日、彼は二〇人ほどの仲間と、「スリランカ式悪魔祓い」の儀式をしてきたというのです。スリランカは以前「セイロン」と呼ばれ、インド最南端の沖に位置するセイロン島を中心とした、セイロン紅茶などで知られる国です。

彼は、スリランカまで行ったわけではなく、その儀式は、彼の住まいがある京都の地で行われたのですが。

理性的で思慮深く、多くの友人・知人から信頼されている人ですから、「妙な宗教ではないでしょうね」と、私は笑顔ながら心配して尋ねました。

「いや、はじめは私も変な宗教だったら嫌だと思っていたんですが、内容を聞いて大丈夫そうだから、安心して参加したわけです」

彼が笑顔で説明をしてくれたのは、次のようなことでした。


スリランカでは、病気は悪魔が入り込んだもの、ということになっているのだそうです。そして、悪魔が入り込むのは「孤独だから」と考えられているのだとか。


悪魔祓いの儀式とは、すなわち「孤独」の追放のための儀式、ということでした。

「儀式」は、二〇人ほどの友人で〝病人〟を囲み、歌を歌ったり踊ったりするのだそうです。

「ちょっと恥ずかしいには恥ずかしいのですが」と、その友人は照れていました。

スリランカでは数時間続くこともあるらしいのですが、京都の場合〝儀式〟は三

○分ほどだったということです。

それが終わると、「さあ、そろそろ我々の仲間に戻ってらっしゃい」ということで、病人は（真ん中に一人でいたのが）、二〇人の輪に加わります。

すると、「これで君はもう孤独ではない。多くの仲間がいる。見守っている」ということになり、病人は「孤独」から救われ、ひいては「悪魔」からも救われるのだそうです。

この話は大変興味深いものでした。

「悪魔」の話はともかくとして（悪魔がいる・いない、存在する・しないに関係なく）、**「孤独」が病気の元であり「孤独」を癒《いや》せば病気が治る**、という考え自体が面白い。

例えば、友人が病気になったとします。医者でない私たちは、その人の病気に直接手を出すことはできないと思い込んでいたように思います。

「こんな食べ物がある」とか「こんな療法がある」というようなアドバイスをす

ることはあるにせよ、自らその人の病気に対して具体的に何かをする、できる方法があるとは、考えていなかったのではないでしょうか。

京都の彼も、その病気の友人のために「直接的」なことができる、と聞いて喜んで参加したのだと言います。「友人というものを改めて認識させてもらいました」とのことでした。

「君は孤独ではないんだよ」と感じさせること、「いつでもたくさんの友人がいる」と感じてもらうこと、それこそが「病気」を追い払う大きなエネルギーになるのでしょう。

「友人でいたい」と思われる人

足立幸子さんの絵と私の言葉を組んだ「うたしごよみ」という日めくりカレンダーの中に「いつもの三条件」というものがあります。

いつも考えていなさい
いつも良い友人を持っていなさい
いつも実践しなさい

いつも自分のなかに強い意志を持っていないと、この三つはなかなか実現できません。考えていなくても、忘れてしまってもなんとなく日常的にできていた、というのは相当な人で、一般的には、ちょっと気をゆるめると、忘れてしまいます。

「いつも考える」というのは、「人生とは」「人間とは」「自分は何のために生まれてきたのか」「宇宙や生命の本質とは」「自分は今、社会に対して、宇宙に対して、何ができるのか」「何が使命か」「何が役割か」など、ひとことで言うなら「哲学」です。

「philosophy」（フィロソフィ＝哲学）とは「知恵を愛する」という意味。「哲学」というと随分遠いもののように思えますが、「知恵を愛する」、つまり「考える」だけでもう「哲学」というわけです。

それと並んで、「良い友人を持っていなさい」というのですから、かなり重要な、大事なことだと言えるでしょう。

「良い友人を持つ」には、自分の不断の意志や決意が必要です。

「良い友人を持つ」というのは、自分も「多くの人から友人になりたい、友人でいたい」と思われることでもあります。

スリランカの悪魔祓いの儀式をやってもらった人は、きっと幸せだったに違いありません。

そこに集まった二〇人の友人にとても好感が持てました。こんな温かい友人に囲まれていたら、どんな病気もどんどん良くなりそうな気がしました。

第三章

人に喜ばれる存在になる

人生における「テーマ」を持つ

仏さまは見ている

ずいぶん前になりますが、親しい数人の友人たちとスキーをしに行ったときのことです。

そのスキー場はあまり有名ではなく、さらに平日でしたから、ずいぶんすいていました。上のほうは雪質も良く、ゲレンデを滑っては降り、滑っては降りしていたのですが、「(スキーの）アドバイスが欲しい」と私について滑っている青年がいました。

私は二〇年ほどのスキー歴があり、彼は二～三年目。年齢も二〇歳程度の差があり、そのときは自然に、私が彼のスキーの〝先生〟になってしまっていたようです。

同じ技量でも、技術的に差がありすぎても、教わる意味はありません。スキーの〝先生〟としては、適当だったのかもしれません。

それでも、私と同じように滑るのはちょっと厳しかったのではないかと思うのです。私のほうでも途中で待ったりして、彼もそんなに離れることなく、ついて滑っていました。

一緒に何本かゲレンデを滑り降り、そのあとでまた頂上に着いたときに、私は笑顔で、彼にこう尋ねました。

「テーマを持って滑ってる?」

「えっ」彼は小さく声を発しました。

「テーマ?」

「テーマを持って滑っていますか? 一回滑るごとのテーマ」

「えー、滑るのにテーマが要るんですか」

「上手になりたいんですよね？」と私。

「はい。もちろんです」と彼。

「じゃあ、一回ごとにテーマを持って滑りましょう。今回は谷足に重心をちゃんとのせようとか、ストックをちゃんと突こうとか、前に体重をかけようとか……。漫然と滑っていませんでしたか？」

彼は虚を衝かれたようで、二～三秒の沈黙のあと、「何も考えずに滑っていました」と言いました。

「そうでしょう。テーマを持って滑っているようには見えませんでした。一回滑るごとに自分でテーマを決めるといいですよ。そうすると、格段に早く上手になります。スキーなんて別に上手にならなくてもいいけど、上手になりたいのなら、漫然と無目的、無テーマで滑るのではなく、一回ごとにテーマを持つほうがいいですよ。テーマを持って滑っても漫然と滑っても、かける時間や費用は同じなんだし」

「ははは」と二人で笑って、彼は、「なーるほど」とうなずきました。

このときの彼の態度は、「本当にわかったんだなあ」と思わせるのに充分なものでした。

「スキーは人生と同じです。常に〝テーマ〟を持つこと。漫然と過ごさないこと」

と言い置いて、私は滑り始めました。

「そうか、スキーは人生と同じだったのか」とつぶやく彼の声を背中で聞いたのですが、どんな〝哲学的〟な顔をしていたのか見なかったことが、とても悔やまれます。

スキーに来て、「スキーは人生と同じ」と言われたら、私だって目を白黒させたに違いありません。

〝哲学的な顔〟が見られなかった残念さはともかくとしても、**人生にはまさに「テーマ」が必要**な気がします。漫然と生きないことです。漫然と、テーマ無しで生きるには、人生は長すぎます。

ただし、誤解のないように書き加えますが、ここで言う「テーマ」とは、周りから与えられたものや義務的なものを指し示しているのではありません。学業や仕事で「これをせねばならない」という状況でも、「must＝ねばならない」と考えている間は、私が言う「テーマ」にはなりません。「大学受験の勉強を頑張りなさい」と言われ、「仕方がないので、嫌だけどやっている」というのは、ここで言う「テーマ」には当たらないのです。

「喜ばれる存在になること」を自分の方向にする。それが私の言う「テーマ」です。

同じことをやっていても、「仕方がないからやっている」のは「漫然とやっている」ことにほかなりません。

ある修行僧の〝深遠な〟テーマ

ある有名な禅宗の寺で三泊四日の「座禅体験会」があり、私の友人が参加しました。

座禅体験の感想はそれなりに興味深いものだったのですが、私が最も興味を持ったのは次のようなことでした。

そのときは一〇人ほどの参加者だったそうですが、解散のとき、数人の若手雲水（修行僧）が「何か質問があれば、どうぞ」と、質疑応答がありました。

いくつかの質問のあと、中年の女性が、「一番辛い修行は何ですか」と尋ねました。数人の雲水は互いに顔を見合っていたそうですが、「私が答えてよろしいですか」と、一人の雲水が進み出ました。

「ほかの方はわかりませんが、私自身のことでお話しします。ここは冬はとても厳しい寒さで、冬の朝の寒さはとてもこたえます。当番で朝の鐘を撞くとき、もちろん素足で足袋はありませんし、日も昇っていません。一回撞くごとに石の上に座り、礼拝します。肉体的にはこれが一番でしょうか。でも本当に辛いのはそんなことではありません」

参加者は皆、身を乗り出したそうです。

「私たち修行僧には掃除の担当が決められていて、ある人はこの廊下、ある人はこのお堂というように、割り当てられています。しかし、その掃除を見に来る人、チェックしに来る人はいないんです。その廊下はまる一日使われないこともあるし、誰が見ても綺麗で、今日掃除をしなくても、誰にもわからない。つまり、さぼっても手を抜いてもいいわけです。

掃除をしていないことが上司や先輩にばれたとしても、誰も何も言いません。怠けてもかまわない。そういうときの〝怠け心〟と戦うことが、私にとっては一番辛いことです。誰かが管理し、見に来る、チェックしに来る、怒鳴ってくれる、というシステムのほうが、ずっと楽なんです。

人が見ていなくても〝仏さま〟は見ています。でも、人間だから〝怠け心〟や〝ごまかし心〟がいつも立ち上がってきます。でも、仏さまは見ています。この心の葛藤、自分との戦いが、自分にとっては最も辛い修行です」

私はこの話を聞いて、「その雲水はすごい人だ」となってしまいました。多分、本音だったに違いありません。それを「最も辛い」と認識していること、その分析の見事さに加えて、人前で（しかも仲間の雲水もいるところで）そんなことが話せるということ。

これは〝僧〟としてのテーマを、自分なりに強く深く認識しているということでもあるからです。

同じような例で、つい最近青年海外協力隊から帰ってきた友人の話も、教えられるものでした。

発展途上国では、多くがそうらしいのですが、電気が不意に止まったり、水が出なくなったりすることがよくあるそうです。すると、その日予定していたことが、すべてできなくなります。

しかし、そういう条件下でもできる仕事はあります。上司は現地の方だそうですが、私の友人は日本から技術を教えに行ったために〝上司〟から命令を受けたり指示されることはなく、結局自分で、その日何をするかを決めなくてはいけなかったということです。

初めのうちは「何とかしなくちゃ」と、すべてのことに力が入っていたらしいのですが、そのうち「できること」と「できないこと」があることに気がついた、と言います。できないのに頑張っても体が壊れるだけです。ただし、「その見極めが一番難しい」。

というのは、「これはできない。無理」と宣言してしまえば、しなくていいし、「怠けようと思ったらいくらでも怠けられる」からです。

「本当に無理なのか、自分の怠け心なのか、その見極めがとても難しかった」というのです。

先ほどの雲水の話とあまりに似ていて、とても驚きました。

「しなくてもいい」という状態に置かれて、「自分の意志で何をし続ける」か。

それこそがここで言う「テーマ」なのです。

「テーマ」にもいくつかの種類がありそうです。スキーの話や雲水の話は「今取り組むべき課題」であり、「短期」のテーマと言えるでしょう。

中期は「今生」。長期のテーマは、何千回、何万回と生まれかわっても追い続けるテーマ。

中期と長期のテーマは一緒です。いかに「喜ばれる存在になるか」ということらしいのです。

人間の「機能」を考える

生まれてきた意味

コップの機能を考えてみます。お湯や水を貯めるという一つの機能があります。新幹線という大きな乗り物を考えると、物や人を運ぶという機能を持っています。

「機能」というのは「役割」のことです。

その役割をいくつ果たせるか、というと、無機物である金やプラチナ、硝石《しょうせき》といった鉱物の機能は二つか三つくらいでしょう。

有機物である植物の役割、機能を考えると、木の実を食べてもらって動物を生き長らえさせる、炭酸ガスを吸い込んで酸素を出す、防風林、防砂林、防雪林というようなことでいうと、二〇くらいはありそうです。

今度は、動物の機能というのを考えてみます。動物は食物連鎖の上位に位置していますから、植物を食べたり、他の動物を食べたりもしますが、生かすこともしています。自分が食べられたり、また腐って植物の栄養となったり、あるいは木の実を食べてそのフンの中で種を運んだり……という機能もあるので、それらを含めると二〇〇くらいはありそうです。

今度は、雲の機能を数えてみます。雨、曇り、霰《あられ》、雹《ひょう》、風を起こす、竜巻を起こす、太陽が出るようにする……ということでいうと、二〇〇〇くらいはありそうです。


では、人間の機能というのは、どのくらいあるでしょうか。鉱物は二、植物は二〇、動物は二〇〇、雲は二〇〇〇ですから、人間は二万くらいかなと思っていました。ただ、人間の機能の二万というのは、何が一機能で何が二機能なのかという数を勘定することができません。数の切れ目がわからないのです。

私は、それをずっと宇宙に問いかけていました。そして、二年ほどたってから、このような答えが来ました。

――人間の機能は、喜ばれた数だけ存在する――

その年には、いくつかの答えが来たのですが、これが一番体が震えるものでした。私自身が全然想像しない答えでした。人間が機能というものを持っていて、その機能の数は、自分の存在が喜ばれた数だけ存在するというのは、私の頭脳ではまったく想像し得ない答えでした。

あなたが生まれてきた意味は、無限にある

例えば、おばあさんが駅の階段を上がっているときに、荷物を持ってあげたとします。「ありがとうございます」と言われた瞬間に、私がこの世に生まれた意

味があるのです。

駅から、びしょ濡れになって歩いていく人がいて、自分が帰る方向が同じだったとき、傘をさしかけて、「途中まで一緒に行きますか」と声をかけ、「ありがとうございます」と言われたときに、それが機能の一つになります。

しかも、相手は人間だけではありません。例えば、私がマイクスタンドを机の上にそっと置いたときに、「ああ、この人の前にマイクスタンドとして存在してよかった」とマイクスタンドが思うと、「喜ばれた」ということです。

ドンと音を立てて置いたときには、ドキッとします。コーヒーカップやガラスのコップもそうですが、ドンと置いたときには、ガチャンと割れてしまうかもしれない。

そうすると、ここに入り込んでいる魂が、「ああ、この人に持たれたくなかった」と思ったときには、喜ばれなかったということです。

でも、この人が、本当に心を込めてそっと置いたときには、「ああ、この人に持ってもらってよかった」というふうに思ってもらえます。それが喜ばれることです。

ですから、人間だけでなくて、すべてのものから喜ばれたときに、「私」という存在は、機能を持つことになります。

この世に生まれたことの意味は、喜ばれることにあります。

しかも、人間だけには、機能の数に上限がありません。これはすごいことです。私は本当に絶句してしまいました。

今、「私」がそのように気がついて、自分がそのように生き始めると、人間である「私」の機能は、無限に増えていきます。人間だけは自分の意志によって、自分の機能をいくらでも増やすことができるのです。

人間の喜びや幸せというのは、最終的には、自分が喜ばれる存在であることに尽きるようなのです。

目標は一〇〇%ではなく九九%

本当のカリスマ

前項でも述べましたが、私たちの人生の目的は、最終的には**「喜ばれる存在になる」**というところに尽きると思います。

そして、その究極の目標に至るまでに、どうも**三つの段階（三三%×三）**があるように思えました。

一つ目の段階（三三%までの成長段階）は、どんなことがあっても不平不満、愚痴、泣き言、悪口、文句を言わないことです。

例えば、コップに水が半分入っていたとします。それを「半分しかないじゃないか」ととらえたら、それはすべて、不幸で不機嫌で不愉快な出来事になります。

しかし、それを次の段階（六六％までの成長段階）にもっていき、「半分も残っていて嬉しい」「半分もあって幸せ」というように、「嬉しい」「楽しい」「幸せ」というかたちで物事をとらえられるようになったら、それが六六％までのところに到達した、ということになります。

三番目の段階（九九％までの成長段階）は、その同じ現象に対して感謝ができるということです。

つまり、コップに水が半分入っていて、「半分しかないじゃないか」「半分しか残ってないじゃないか」ということを言わないようにするのが第一段階。

「半分も残っていて嬉しい」「半分もあって幸せ」というのが第二段階。

第三段階は、「神様、半分も残していてくださってありがとう」と、感謝する、という段階です。

私たちは、たとえどんなことがあっても、どんな事件があっても、どんな現象があっても、それを一、二、三の段階処理で、九九％まで処理することを、自分の人生で問われているようです。

病気の場合でも、事故の場合でも、一般的にいわれる災難というのも、皆そうです。そういうものもすべて含めて、それが恨み言ではなく、喜びであり、さらには感謝の対象になるんだ、というところまで処理をしていくことが、この人生で私たちに与えられた課題らしいのです。

〝明るい光〟を投げかける人

それでは、残りの一％はいったい何なのか、ということになりますが、この一％は私たちが自分の力で得られるものではどうもないようです。その残りの一％とは、**「感謝される存在になる」**こと。

もしある人の口から、不平不満、愚痴、泣き言、悪口、文句、非難、攻撃、中傷、辛い、悲しい、苦しい、つまらないというような言葉がまったく出なかったとします。そして、その人の口から出てくる言葉は、常に「嬉しい」「楽しい」「幸せ」「大好き」「愛している」などの言葉に満ちているとします。

その人の口からは、どんなことがあっても、愚痴や泣き言、辛い、悲しいという言葉は決して出てこないわけですから、その人のそばにいるだけで、温かく、安らかな気持ちになります。

さらに、「世の中には、こんな楽しいことがある」「こんな面白いことがある」「こんな喜びがあるではありませんか」と、言い続ける人は、目の前の現象について、常に喜びや楽しさを見出す達人なわけですから、自分や仲間にとって大変頼もしく、さらに楽しい存在になっていきます。

したがって、その人のそばにいると心地良い、温かい、安らぐ、安心できるというようになります。温かい言葉や肯定的な言葉ばかりを言っている人のそばには人が集まってきます。温かさや明るさが常にあるからです。

「カリスマ」というのは、「教祖」というような意味に使われていますが、本当は、**「明るい方向を指し示す」**ことでした。

暗闇の中で、「あそこに出口があるから、私はあそこに行くよ」というように言ってくれる人を、実は「カリスマ」と呼んだのです。

「カリスマ（charisma）」の「カリ（chari）」とは、チャリティ（charity）のchariでもあり、もともと「人々に夢や希望をともす」という意味がありました。つまり「カリスマ」とは、「周りに対して明るい光を投げかける人」のことなのです。

そういう人がそばにいてくれたら、とても嬉しい、温かい、ありがたい、ということで、人々はその人のそばに寄ってくることでしょう。

そういう状態を「徳」と呼びます。

私たちは三段階処理をして、自分の人格を九九％までもってくることはできます。しかし、**最後の一％は、努力をして得られるものではありません。**

これは、周りの人から与えてもらうもの、周りの人が評価してくれることです。

それが「徳」というものになります。

ですから、私たちが自分の努力目標とするのは、常に三段階の九九％までです。

結果として、一〇〇％目の「あなたがそばにいてくれると嬉しい」「あなたがそばにいてくれると幸せだ」と言ってくださる方が出てくるかもしれませんが、それはあくまでも結果論であり、私たちが個人で目指すものは、九九％までで良いようです。

今、目の前にいる人、目の前にあることが重要

人生はドミノ倒し

私たちの周りで起きているすべての現象、人生のあらゆる出来事に、〈重要なこと・重要ではないこと〉〈大きいこと・小さいこと〉の区別は、実はありません。

というのは「〝小さいこと〟の定義を言ってください」と言われても、誰も答えられないからです。

何らかの現象について、そのときは、小さいこと、些細なことと思っていても、それがなければ、今の自分はなかった、ということを考えたら、〈大きいこと・

小さいこと〉の区別はつきません。このことを、実際にあった事例を取り上げて説明しましょう。

私の高校の同級生の一人が、大学にも行かず、就職もしないで、とりあえずアルバイトとして晴海のイベント会場でコーラの販売をしていました。そのとき、コーラ売り場の前をアメリカ人の夫婦が通りかかり、七〇歳ぐらいの年のご主人が足を滑らせて倒れてしまいました。

彼は自分の売り場の前ですから、走り寄って助け起こし、ケガの手当てをしたり、いろいろ世話してあげたそうです。

そうしたら、「あなたのような親切な人に、初めて会った」と、その夫婦は大変感激し、「実は、私たちは結婚して四〇年も経ちますが、子どもがいないのです。あなたさえよければ、私たちの養子になりませんか」と言われました。

彼としては、別にほかにすることもなかったから「わかりました。いいですよ」ということで、アメリカに渡り、その夫婦の養子になりました。

彼はそこで英語を覚え、大学にも行かせてもらい、卒業してからは企業買収の専門家になりました。今は日本に戻り、その分野で大手の外資系企業の社長をやっています。

コーラの販売をしていた、その前で人が滑った、その人を助けてあげた、これらはすべて小さいことのように見えますが、結果としては小さいことではありません。

因果関係がわかったときには、一つひとつがものすごく重要で大変な出来事だったと、気がつくでしょう。

自分の人生を振り返ってみると、〈大きいこと〉または〈小さいこと〉と思っていたのは、すべて自分の判断であって、**〈何気ない〉と思っていた出来事の積み重ねによって、今の自分が存在している**ということが、はっきり認識できると思います。

そうすると、どのような局面においても**〈目の前のことを、いかに丁寧にきち**

んとやっていく〉ことが大事であって、一つひとつの現象、そのすべてが尊いことだとわかるのです。

人生〝今〟の積み重ね

優先順位とか、出来事の大きい小さい、とかの区別がないことを、さらにわかりやすく説明します。**人生は〝ドミノ倒し〟**だと思ってください。ドミノ倒しの如く、人は連続した瞬間を生き、最後の一個がパタッと倒れて、人生を終えます。これらのドミノは、すべて同じ材質で、同じ厚さで、同じ形状です。大きい小さいはありません。重さも全部一緒。それが一個ずつ、ただ淡々と倒れていくだけです。

自分の目の前に現れる人が、小学生であろうが、中学生であろうが、大人であろうが、大会社の社長であろうが、出会う人は全部一緒です。それを一緒だと思えるかどうかに、その人の人間性が表れます。

社会的な地位や権力といったものを背負っているかいないかで人を見るのは、まだ自分の中で本質的なものが形成されていないからです。

出会うすべての人、どんなに些細に見える行為も、人生を成り立たせるうえでは、どれも必要不可欠なことであり、ドミノの一個一個が同じ価値だということに気がつくと、何も怖くなくなります。

人生で最も大事なのは、今、目の前にいる人です。一人ひとりをきちんと受けとめていくことで、その後の人生を組み立てていける、ということです。

この一個一個のドミノ、それ自体が結果であり、次のドミノを倒す要因になっています。

倒れた〝私〟が、また次のドミノを倒していく。

今、目の前にいる人を大事にすることが、〝私〟の未来をつくっていくのです。

人生は、その繰り返しのように思えます。

頼まれごとは、力を抜いて、気を抜いて

「お金はいらない」は傲慢《ごうまん》

先日、講演会が終わって本にサインをしていましたら、ある人が自分の名前を筆で書いて持ってきました。その文字が、とても達筆だったので「あっ、墨筆《ぼくひつ》をするといいですね」と何気なく提案したところ、その方は本当に墨筆を始められたということです。

「字を書いてほしいと頼まれたら、引き受けたほうがいいですよ」と、私が勧めたら、「書いてほしいと頼まれることが多いのですが、まだまだ下手なのでお断りしています」とのこと。私は、「それは、驕《おご》り、高ぶりの一種ですよ」と言い

ました。

何かを頼まれたとき、「私には力がないので、とてもできません」と言うのを〈傲慢〉と言います。自分の腕に自信があるかないかには関係なく、**依頼を受けたら「ありがとうございます」とお礼を言って、自分の今持てる力でやっていくことを〈謙虚〉と言います。**

せっかく頼んでくださっているにもかかわらず、自分の字が未熟だからと断るのは、本人の思い込みや驕りが強いからです。下手か上手かは、自分が決めることではありません。それなのに、自分で決めていることが〈傲慢〉。

頼まれごとは引き受けていきましょう。頼まれごとというのは、自分の汗で、その人の要望に応えることなのですから。

〈できない頼まれごと〉を持ち込まれたら

〝頼まれごと〟の話をすると「なかなか難しいなあ」とか「引き受けたのはいい

けど、なかなかできない」などと言う人がいるようですが、できなかったことは「できなかった」と言っていいのです。

私は「一〇キロの荷物を持ってくれ」と言われたら持ちますが、「一〇〇キロの荷物を持ってくれ」と言われたら「できない」と言います。人には、できることとできないことがあります。

物理的にできないことはたくさんあります。

「月まで行って石を拾ってきてくれ」と頼まれても〝物理的に〟できません。自分の生活もままならないのに「一〇〇〇万円貸して」と言われても〝物理的に〟できません。

頼まれごとも〝物理的にできない〟ことは断ってよいのです。自分の「好き・嫌い」で判断しないこと。前述の例で言うと、書を頼まれたのだったら、「はい」と素直に引き受けることです。

また、仕事を引き受け過ぎてどうしようもないという人に、もう一つ提案があります。それは、**いかに人に任せられるようになるか**、ということです。

私は、例年、三〇〇回以上の講演が入っていますが、自分で主催するものは一つもありません。すべて講演会を行う現地の方々がお世話してくださっています。一カ所で一〇人ぐらいのスタッフがいるとして三〇〇回以上ですから、三〇〇〇人余りの人が動いてくれているわけです。もし、私が一人で三〇〇〇人もの人を動かそうとしたら、とても大変です。

自分のところで事務局を持って、事務所の人に動いてもらうというのは、まったく考えません。自分でやれることには、限界があります。

今、たくさんの仕事を引き受けて手いっぱいなら、他の人でもできるものはなるべく任せていってはどうでしょう。


今までの私の経験で言うと、一日に一〇時間働いていたのが一九時間になり、さらに二〇時間ぐらい働くようになったときがありました。

「あー、もう過労で死ぬかもしれない」というときになると、自分の中で、仕事のやり方が突如として宇宙的転換を見せるものです。

一九時間五〇分ぐらいまでは、すごく忙しいですが、二〇時間に乗っかった途端に、突然、一〇時間で済むようになりました。仕事のやり方がポンッとわかったのです。

「どうして、このやり方をしなかったんだろう。初めからこのやり方をすれば一〇時間で済んだのに」と思うわけですが、私の場合は、それが二〇時間までいかないと一〇時間の仕事のやり方に気がつきませんでした。

よくよく考えれば、自分が抱えている仕事の一〇時間分ぐらいは、人に任せられるものなのかもしれません。もし、今、任せられないのであれば、半年ぐらいかけて、任せられるような人を育てていくということも考えてみてはどうでしょう。

人生は、〈頼まれごと〉をやっていくだけ

頼まれごとを引き受けたときは、気合いを入れないで、周りの人にお任せをして生きていく、適当にやる、ということをお勧めします。

〈適当〉というのは、考えてみれば、とても良い表現です。〈適度〉にということですから。〈いい加減〉というのも〈良い加減〉ということですから。

気合いを入れたり、気迫を持って生きるのは、ある種の価値観に縛られているからです。

「引き受けたからには、いい仕事をしよう」とか「きれいな字を書かなければ」とかいう価値観を持っていると苦しい。

今持っている力で頼まれたのですから、今の力でやればいい。今以上の力でやってくれと頼まれたわけではありません。

「あなたの文字がいい」と言ってくださっているのですから、頑張る必要はあり

ません。今のままの字がいいから、今、頼んでくれたのでしょう。
それなら、頼まれた時点のレベルで全然問題ない。できる範囲でやっていけばいいことです。今以上のことを要求されているのではないのですから、気合いを入れて生きるのはやめにしましょう。

人にわかってもらいたいとか、評価されたいとか、眉間にしわを寄せて頑張るのもいいですが、**「良い加減」で、適当に、ニコニコと頼まれごとをやっていくほうが面白い**と思います。私たちの人生は、ある目標に到達するためにつくられているわけではありません。人生は、**〈いかに喜ばれる存在になるか〉**というテーマで組み立てられているだけ。

〈いかに喜ばれる存在になるか〉というのは、**〈いかに頼まれごとをこなしていくか〉**ということに等しい。頼まれごとに対して、気負わずに「はい、わかりました」と、やっていくだけで、〈人生はそれでよい〉という結論になっていきます。

そういう姿を他人が見たとき、「あの人のそばにいると楽よね」ということになります。力が入ってないと、自分もラクですが、周りの人がとても和みます。

さらに言いますと、頼まれごとの中には、無料のものもありますが、お金をいただけるものもあるかもしれません。もし、有料で頼まれたときに、「私はそんなつもりはありません」と辞退するのを〈傲慢〉と言います。

断るのは、お金を自分のものと思うからです。**お金は宇宙のもの、エネルギーの一部**です。差し出されたお金に「ありがとうございます」と言えるかどうかが、その人の〈謙虚さ〉でもあります。

頼まれごとは、〈先に引き受けたもの〉をするだけ

頼まれごとは、有料無料を問わず、体が空いていたら引き受けます。頼まれごとを引き受けるというのはそういうことです。

ものごとには「重要なこと」と「重要じゃないこと」という区別はありません

から、問題は〈どちらが先に来たか〉だけです。

先に来たほうを引き受けます。要するにそれだけ。だから、めちゃくちゃに忙しくなるということは本来ありません。

しかし、どうして忙しくなる人がいるかというと、Aさんの頼みごととBさんの頼みごとの「どっちを優先して選ぼうか」と考えるからです。

Aさんの頼まれごとがすでに入っているのであれば、BさんもCさんもお断りするのが当然ですから、それ以上忙しくなることはないわけです。それは〈有料か無料か〉ということでもなく、〈先に頼まれたか、後か〉だけのこと。

仮に、先に来たのが無料で、その後、有料のものが来たとします。そこで迷って「有料のものに切り替える」ということを繰り返していると、必ずそれなりの人生を自分がつくりあげていくことになります。それを〈不誠実〉と言います。

一度、約束をして「やる」と決めたら、あとの人がどんなにいい条件を提示しようと、引き受けないことを〈誠実〉と言います。

その〈誠実〉を、ただひたすらやり続けていくことです。バカ正直だ、愚直だと言われようと、そういう生き方を、見る人は必ず見てくれています。

ところが、すでに約束していても「ごめん、用事が入っちゃったから」という人がいます。用事は、〈入っちゃった〉のではなく、〈入れちゃった〉のです。約束した日時がわかっているのに、あとから〈入れちゃった〉のです。

そういうことが人生において積み重なっていくとしたら、誰もその人に頼もうとしなくなります。用事は、「入る」のではなくて、自分で「入れている」のです。

すべてのことにおいて、「これは重要」とか「これは重要じゃない」という分け方をするのは、とても危険です。

依頼が増えてきても、先に引き受けたものを誠実にやっていけば、有料で頼まれることが次第に多くなり、その人を支援する方向で、環境が整えられていくようです。

「思いどおりに〝される〟人生」も面白い

「そうか、そうきたか」

人生の「悩み」「苦しみ」を感じているなら、「思い」を捨てればよいだけ。

「思うこと」をやめればいいのです。

私の人生は一〇〇%思いどおり。「思い」を持たずに、頼まれたことをやりながらこき使われているだけ。その結果として、楽しい人生が味わえます。私自身は、もうずっと以前から**「夢も希望もない暮らし」**になってしまっています。

その状態をもうちょっと細かく説明すると、**「思い」がないので、思いどおりになっている**のです。

何かをどうこうしようと思っていないので、目の前に生じてくることが全部思いどおりだ、と思えばよいだけ。

人生は、**「後出しジャンケン」**です。勝つことも負けることも自分で選べます(宇宙的に人生の「勝ち負け」はありませんが、ジャンケンには勝ち負けがあります)。

何か起こったことに対して、「そうきましたか」と追認すればよいだけ。事前に「思い」があるから「思いどおりにならない」という結論になってしまいます。もともと思いを持たないで、目の前の現象をその都度、思いどおりだと認めればいい。

したがって、「思い(重い)」がないから「軽い」。軽い人生、それが「夢も希望もない」楽な人生という意味であり、一〇〇%思いどおりになっている人生です。

「丸ごと認める」ということ

「人生は自分の思いどおりにすべき」と思っている人ほど、あちこちの罠に引っかかります。「自分の思いどおりにすべき」と思っている人が多いのは、教育が、「自分の思いどおりにすることが幸せ」という教え方をしているからです。「自分の気に入らないものを見つけ出して手に入れるようにしなさい、今無いものを手に入れなさい」というメカニズムを教え込んでいます。

人間関係の中で、相手が何か理不尽なことをしたとしても、この人をどうにかしようと思うのではなくて、ただ丸ごと認めると楽。

この人をどうにかしようと思うから苦しいので、思いどおりにはならないと思い定める。その都度、「ああ、そういう人でしたか」と思えば気になりません。

結局、自分の思いを振りまいて、周りを変えようとしているうちは何も変わりません。しかし、それを「受け入れられるような私」をつくってしまったら、問題はどこにもなくなります。これが完全に頭の中のフロッピーを入れ替えるということです。幸いなことに、私たちの「日常」は、本当にフロッピーの入れ替えができているかどうかの試練の場として与えられています。

さらに、自分の人生を、自分の思いどおりにするのではなくて、「思いどおりにされる」という人生もかなり面白いものです。宇宙さんや地球さん、周りの人々から、「思いどおりにされる」人生です。要するに、こき使われて死んでいく。

生まれることも、老いることも、病むことも、死ぬことも、自分の思いどおりになるわけではありません。愛している人と別れること、嫌いな人と顔を合わすこと、求めるものが得られないこと、寒い、暑いという感覚も、自分の意志で思いどおりにはなりません。

すべてのことが思いどおりにならないことがわかって、思いどおりにならなくていい、思いを持たなければいい、と気づいた瞬間から、ラクになります。

「存在の死」を考えながら生きる

私の生活としては、自宅に泊まるのは年に一〇泊程度。一日の睡眠時間は四〜

五時間です。

「働くのが好きなんですね」と聞かれることがありますが、そうではありません。私が希望してやっていることは一つもなく、全部頼まれごとです。頼まれごとは時間と「物理的に」許されるかぎり断らないので、すべての依頼を受けていたら、忙しくなってしまいました。

「じゃあ、イヤイヤながらやっているのですか？」

そうではありません。

好きか嫌いか、という判断基準のほかに、「人に喜ばれることを選ぶ」という選択肢があります。自分の好き嫌いではなく、人に喜ばれるように生きるということです。頼まれやすい人になって頼まれごとをひたすらやっていけば、たまたま「結果として」、喜ばれる存在になります。

「頼まれごとが来ない人間はどうすればいいんだ」という人は、愚痴、泣き言、悪口、文句、不平不満を言うときに使う顔の筋肉が発達してしまったのかもしれません。口角が下がって「頼みにくい顔」になってしまったのではないでしょうか。

とにかく頼まれごとを断らないでやっていくと、だんだん同じようなことを頼まれていることに気がつきます。

そして二〜三年やっていくと、「私はこれをやるために生まれてきたのかな？」と気づく日が訪れます。これを「立命《りつめい》」の日と言います。

それがわかったら、後はそれをやり続けて疲労困憊《ひろうこんぱい》して死ねばよいだけです。

人間が生命をいただいたのは、頑張ったり努力したり、自分の思いを成し遂げたりするためではなく、「いかに喜ばれる存在になるか」であるような気がします。

人間は、「長く生きること」が目的ではなく、「いかに喜ばれるように生きたか」が生きる目的だと思うのです。

もちろん、長く生きたほうが多くのものを投げかけることができますが、肉体の死はさほど問題ではありません。それよりも、死後に自らの「存在の死」を、いかに遅らせることができるか。

ちなみに、「存在の死」とは、その人の生きざまを語る人が誰もいなくなったときのこと。この意味では、釈迦も坂本龍馬も、まだ「存在の死」を迎えていません。

「肉体の死」ではなく、喜ばれるように自分の命を使っていく結果、多くのものを残して疲れ果てて死ぬという、「存在の死」を考えながら生きるといいと思います。

本当に喜ばれる存在になったら、投げかけたものが返ってきます。自分の周りにも、喜びがたくさん降ってきます。人に喜ばれれば喜ばれるほど、自分の人生がどんどん楽しいものになっていきます。

「一事で万事」を決めることの是非

周りを不快にする人

私の話を聞いてくださった方からよくお手紙をいただくのですが、ある方のお手紙にこんなことが書いてありました。

——先日、あるスーパーマーケットに行き、トイレに入ったときのことです。そしたらそこに、「いつもきれいに使ってくださってありがとうございます」と書いてありました。

「きれいに使いましょう」「きれいに使ってください」「汚さないでください」と

いうような言葉はたくさん見てきましたが、こんなふうに書いてあるのを見るのは初めてでした。

こんなふうに書かれたら、本当に汚せませんよね。実際、トイレはとてもきれいでしたし、皆さんも、きれいにと、心がけているようでした――

ある宿で、「風呂は十一時までに入ってください」と書いてありました。

これより強い言い方をすると、「十一時以降の入浴禁止」、より柔らかい言い方をすれば、「風呂は十一時まで利用いただけます」となります。

三つを並べてみます。

「風呂は十一時までに入ってください」
「十一時以降の入浴禁止」
「風呂は十一時まで利用いただけます」

となります。

言っている内容はまったく同じで、変わりありません。「十一時までが入浴可能」ということです。

「十一時以降の入浴禁止」と書いてあると、かなり不快です。

「風呂は十一時までに入ってください」というのは最も多いパターンで、よく見かけます。よく見かけるがゆえに慣れてしまっていますが〝命令的〟であることは同じです。事務的で冷たく〝温かさ〟は感じません。

「風呂は十一時まで御利用いただけます」となると、不快感どころか、なんとなく得した気分です。「そうか、十一時までも入浴できるのか」と思います。

もちろん、二四時間入浴可能なホテルには関係ありません。こんなふうに書いてあるのは、旅館や民宿、家族でやっているプチホテル、ペンションなどに多いのですが、その経営者や家族はそういうことに気がつかないようです。

泊まった宿で、この話をしたところ、「単なる言葉使いの問題で、大したことではない」という人もいました。

そう反論された場合は、それ以上の主張も説得もしないのですが、「単なる言葉使いの問題」ではないように思います。

その言葉のなかに、「泊まってくださってありがとう」との気持ちがあれば、「十一時以降の入浴禁止」とは書けないでしょう。「風呂は十一時までに入ってください」とも書きにくいような気がします。

一%のために、九九%を敵にしない

ある有名観光地で、蕎麦《そば》屋に入りました。

雨の日の昼時。店の中は、四人掛けのテーブルが四つほどと、小上がりの座敷に四人用座卓が四つ。

満員になれば三〇名ほどが入れる蕎麦屋です。中にはすでに二〇人ほどの客がいました。食べている人が半分、待っている人が半分ほどです。

店に入って、不思議な気がしました。シーンとしているのです。誰も何も話をしていない。店中に会話がないのです。普通は、二〇人も人がいると結構店内がワーンとしているものですが、シーンとしていました。

私のほうは四人連れでした。テーブル席が空いていないので小上がりに上がり、座卓に着きました。私をこの店に案内した人が、メニューを私に差し出しながら、小さな声で言いました。

「どう思います？」

メニューを見て、驚きました。書き取ったわけではないので（書き取ってくればよかったと後悔しているのですが）、完全にそのとおりの言葉ではありません。ただ、趣旨は以下のようなものでした。メニューの前に、こう書いてありました。

「ここは蕎麦屋であって、喫茶店ではありません。お喋りをしたい人は喫茶店に行ってください。食べ終わったらすぐに席を空けてください。食べ終わっての無駄なお喋りはお断りします」

「店とトラブルが生じた場合は、正規料金の五割増し料金をいただきます。トラブルによって生じた問題はすべて、御客様の責任とします」

というのです。

シーンとしている理由がわかりました。

「食べ終わってからの無駄なお喋りをするな」というのですから、食べている人や待っている人は、お喋りをしてもよい、ということになります。しかし、誰も、どのグループも、お喋りをしていませんでした。

多分、皆、このメニューを見て、これ以上ないというほどの「不快」を味わったに違いありません。「喋ってはいけない」から黙っているのではなく、「不快感」を我慢していたのだと思います。早く食べ終わって出ていきたい、こんな店に二度と来ないぞ、という気持ちを制御するには、腕組みして黙って待つしか方法がなかったのでしょう。食べている人たちも同じ思いだったと思います。

食べ終わった人たちは、誰も何も言わず、どのグループもそそくさと支払いを済ませて出ていきました。誰もが、こんな蕎麦屋に二度と来たいとは思わないでしょう。

しかし、ここは有名な観光地です。何も知らない観光客が次々にやって来ては、店に入ってきます。だからこそ、こんなメニューの断り書きがあっても、充分にやっていける……。

この蕎麦屋に、過去に嫌な客が来たことは間違いありません。食べ終わったにもかかわらず長話をし、次の客が待っているのに談笑し続けていた客がいたのでしょう。

それで頭に来て、そういう客を排除するための「断り書き」を作った……。そこまでは理解できます。

ただ、そういう嫌な客と、善良で常識的な普通の客とでは、後者のほうが圧倒的に多いはずです。一〇〇〇人のうち、店の人が我慢できないほど長居をする客は、一〇人いるかいないかでしょう。一〇人の嫌な客向けの〝敵意〟と〝憎しみ〟を、ほかの善良な九九〇人に向けてしまったのです。

一%の「嫌な客」向けの「断り書き」を、残りの九九%の「温かい客」「普通の善良な客」に対して用意してしまった。

もったいない、と私は思いました。どんなにおいしい蕎麦を出しても、これでは二度と客は来ない。一％（一事）のために、九九％（万事）を敵にして食ってかかっている、というのが、この店の姿です。


「一事が万事」（一つの行動がその人の行動のすべてを示している、そこを見抜きなさい、という意味）に似せて言うなら、**「一事で万事」（一事で万事を決めてしまうこと）**です。

ちょっとした小さな出来事（嫌なこと）をもとに、社会すべてに対して、恨み、憎み、呪ってしまう……。そういう敵意にあふれた態度を、温かい人や親切な人にも日常的に示している……。そういう損なことはやめたほうがいいと思います。

電話に必ず不機嫌に出る人（私の仕事上の後輩）がいました。不機嫌に「はい」と言うだけで、それ以上何も言わずに黙って、名前も名乗らない。

「どうしてそんなに不機嫌に電話に出るの？」と聞いたことがあります。

その答えは、「よくいたずら電話がかかるんです」とのことでした。どのくらいの頻度でいたずら電話があるのかを聞いてみたら、その答えは、「一年に一度か、二度」というものでした。「その一年に一度か二度のいたずら電話のために、ほかのすべての友人の電話に対して、そういう不機嫌な出方をするんですか」と、驚いたものでした。

彼にはいろいろな仕事を頼んでいたのですが、電話をするたびに〝不快〟な応対をされるものですから、結果としてしだいに疎遠になりました。ほかの友人もしだいに疎遠になっていったようです。

この彼も「一事で万事」の人でした。

「嫌だ」と思う人や出来事は、感情的にはあるでしょう（「宇宙現象」としては存在しないようですが）。

しかし、そのわずかな「嫌なこと」を前提に、一年の、あるいは日常生活の態度をすべて決めてしまっているわけです。「嫌なこと」を迎え入れないために、自分にとって大事な人に対しても、常時、最も警戒的、戦闘的、攻撃的な態勢をとっている……。

冒頭に書いたスーパーマーケットの経営者にも、トイレを汚されて嫌な目に遭ったことが何十回とあったに違いありません。しかし、それによって〝敵意に満ちた〟貼紙を書いたりはしませんでした。むしろ、「きれいに使ってくれてありがとう」という貼紙を書きました。このスーパーマーケットの経営者は、「一事で万事」を決めることはしなかったのです。

きれいに使ってくれる大多数のお客様への〝感謝〟のほうが、汚す少数の客に対する〝不満〟を上回っていた、そういうとらえ方をしていた、ということです。

嫌なことがあっても、「十一時以降の入浴禁止」と書くのではなく、「風呂は十一時まで御利用いただけます」と書けるような、温かい柔軟な心が持てたら、と思います。

第四章

人生をラクに楽しく味わう

人生を楽しんできたか

最期の質問

三〇年ほど会社を経営して、会社を大きくし、社員を増やした方がいました。その方の話です。

六〇歳すぎのときに、心臓麻痺を起こしました。心臓が止まって（一旦死んだのです）目が覚めると、いきなり林を抜けてお花畑に出ました。

いろいろな臨死体験者の話を総合すると、林を抜けた途端にお花畑にいるそうです。お花畑は、感覚的には五〇～一〇〇メートルくらいで、歩くと二分くらいの感じのようです。しかし、向こうの世界の話ですから、実際に五〇～一〇〇メートルというわけではないと思います。

林を出てお花畑に入ってすぐ、こんな声が聞こえました。

「あなたの人生についてのまとめを聞くから、考えておきなさい」

その人は三〇年間で、人の一〇倍も二〇倍も切磋琢磨して、怠けたり、休んだりしないで、働いてきたので、たくさんのことを考えていました。そして、神さまから褒められると思っていたそうです。

川べりまで行ったら、このように聞かれました。

「あなたは、人生をどれくらい楽しんできましたか？」

この人は、絶句して答えられなかった。人生を〝楽しんだ〟ことがなかったのです。頑張って、誰もが尊敬するようなすごい業績はあげてきましたが、人生を楽しむという考えはしてきませんでした。

すると、向こうの人がこう言ったそうです。

「あなたは、人生を勘違いしていましたね」

これは衝撃的な話です。私たちは小・中・高・大学・会社・社会で、能力を磨かなくてはダメ、怠けてはダメ、一瞬たりとも休んではいけない、ということばかり教わってきました。

例えば、家で、子どもがボーッとして、何もしていない時間があると、「何やっているのよ。勉強しなさい。早くお風呂入りなさい」という会話をけっこう聞きます。

このように、子どもがボーッとしている時間を親が絶対に認めない、という状況があります。人生をどれくらい楽しんできたか、などという考え方は一般にはありません。

そして、先ほどの方は、「あなたは勘違いしてましたね。もう一度やり直しなさい」という声が聞こえた瞬間に、目が覚めたそうです。生き返ったのです。

この人の話に、信憑性・信頼性があるのは、自分の頭の中で想像した話ではないということです。

目が覚めたとか、夢を見ていたという話ではなく、心臓が止まって一度死に、それが「やり直し」のひとことで生き返ったという現実に起きた話でした。


もし、私が神さまから、「では、聞くが、どれくらい人生を楽しんできたか」と聞かれたら、私は「よくぞ聞いてくれました」とニッと笑い、どれくらい人生を楽しんだかを八〇〇〇時間くらい喋るつもりです。私は、講演を頼まれたり本を作らされたり忙しい日々ですが、けっこう楽しく生きています。

ですから、神さまは、多分、私に「どれくらい楽しんできたか」とは聞かないと思います。

「八〇〇〇時間も付き合っていられない」と思うに違いありません。おそらく、川べりに着いたとたんにジェットボートに乗せられて、「聞いていると大変なので、早く行け」と発進させられることでしょう。

「正しい人」から「楽しい人」へ

ねばねばした人

私たちは、「こうでなければいけない」とか「こうあるべきだ」というものをたくさん抱えているような気がします。

よく考えてみましょう。いったいそれは誰の価値観で、誰が正しいと決めたのでしょうか。

「私たちはこうあるべきですよね」というように質問されることが多いのですが、私は「誰がそれを決めたのですか」と、逆に質問することがよくあります。

「べき」とか「ねばならない」という考えに自分自身ががんじがらめになるのをやめ、「何が正しいのか」という考え方からなるべく離れるようにして、**「何が自分にとって楽しいのか」**ということを考えてみたらどうかと思います。

この「ねばならない」をたくさん持っている人を、私は「ねばねばした人」と呼んでいます。

さらに、「自分が何をしたいのか、どうなりたいのか」を考えなければいけないという価値観からも、少し離れてみるとよいかもしれません。

今まで私たちは、「夢を持ちなさい」「希望を持ちなさい」と言われ、夢や希望を持つことが重要で、それらを追い求めるのが人生である、というふうに教え込まれてきました。

しかし、夢や希望がたくさんあるということは、言葉を換えて言うと、足りないものがたくさんあり、**「あれも欲しい、これも欲しい」「あれも足りない、これも足りない」と言っている生活**のように思えます。

そのような「自分の目的や生き る方向を自分に課す」のはやめて、「自分がそのように動くハメになったらそれをやる」というような、自由な立場で生きていくというのはどうでしょうか。

水のように自由に生きる

水には形がありません。人間と水は相性がいいようですが、その水は、私たちに**「人間の本当に自由な在りよう」**を教えてくれているような気がします。

水は変幻自在です。四角い器に入れると四角い形になり、丸い器に入れれば丸くなります。川に存在するときは、川の形になり、湖に流入すれば、湖の形になります。水には形がありません。

ゆっくり流れているときもあれば、激しく流れているときもあります。さらに、滝のように上から激しく落ちている場合もあります。海に至れば、風のない日は穏やかでゆったりとしていますが、ひとたび荒れ狂えば、岸を壊し、建造物さえも壊してしまいます。車をのみ込んでしまうことも珍しくありません。見事に変化します。

水には形がなく、自分が置かれた状況にいかようにも変化し、その形になり続けるというだけでなく、さらにもう一つ変幻自在な顔を持っています。

それは、通常は水という状態（液体）で存在していますが、温度が高まることによって目に見えない存在（気体）になるということです。さらに、今度は熱が下がって動きにくい状態になると、固まって（固体になり）、その形のまま動かなくなります。これは氷という状態です。水は、目に見えて手にとることができ、形も確認できる氷の状態から、目に見えない水蒸気まで、変幻自在に姿を変えるのです。

水は、二重の意味で変幻自在です。通常、存在しているときは、自分の主義主張の形を持っていません。自分が与えられたものに対して、ただ相手が望むように自分の形を変えます。ただそのように従っていくのです。

先の話に戻りますが、「何が正しいのか」「何が間違っているのか」ということを突き詰めるのではなく、**「自分にとってどういう生き方が楽しいのか」**を考えていくのが、もっとも楽な生き方ではないでしょうか。

繰り返しますが、罪を犯したり、自分の居心地が悪くなるような投げかけをすれば、結局は最も嫌な思いをするのは自分なのです。決して楽しくはないでしょう。

正しい生き方を求めて、自分の周りの人とトラブルを起こしたり、ケンカをしたり、争いごとをするよりも、本当に笑顔で生きていくことを模索するなら、答えは結局一つ――「正しさ」を追い求めるよりは「楽しさ」を追い求める人生、ということになるのではないでしょうか。

「正しさ」を求めることで怒りや憎しみを感じるような人生を送ってきたのであれば、もう一歩進めて、**「正しい生き方」から「楽しい生き方」へ、「正しい人」から「楽しい人」へ、**新しい世界に足を踏み出してはどうかと思います。

「究極の三人格」とは何か

無敵の人

いろいろ悩みごとの相談を受けてきて、悩みがなくなる、楽しく幸せな日々だけになるというのは、三つの人格を実現すればよいということに気がつきました。

一つ目。**究極の欲深になること。**

これは徹底的にトイレ掃除をするということに尽きます。そして、「ありがとう」を言い続けること。トイレ掃除をし続け、「ありがとう」を言い続けると、その人にとって楽しく幸せなことが、次から次へと起こります。

経済的なことも同じです。

損得勘定がきちんとはっきりと自覚できる本当に欲深な人になることです。人格論でも観念論でも、「べき論」でもなく、自分のために（他人のためにではありません）、自分の損得勘定のために「ありがとう」を言い続け、トイレ掃除を徹底的にするようになればよいということです。

二つ目。**究極の怠け者になること。**

究極の怠け者とは、どんなことがあっても、腹を立てない、怒らない、怒鳴らないということです。

もともと人間には、生まれたときに「怒り」や「腹立ち」という感情はないように思います。赤ちゃんは、親と目が合うとニコッと笑って笑顔になります。安らいですやすや眠ることも、おしめが濡れた、お腹がすいたということを泣いて訴えることもあります。しかし、生まれたて二週間、三週間の赤ちゃんは、腹を立てたり怒ったりすることはありません。

もともと人間は、腹を立てたり怒ったりする感情を生まれながらに持ってはいないように思います。

二〇世紀の半ばごろ、東南アジアの密林の中でオオカミに育てられた兄と妹が保護されたことがありました。二人は、親として自分たちを育ててくれたオオカミを目の前で撃ち殺されているわけですが、そのことに腹を立てたり怒ったりすることはありませんでした。怒りというものは、どうも後天的に周りの人間から教え込まれた感情のように思えるのです。

ですから、腹を立てたり怒ったりしたあとは、必ず疲れます。ぐったり疲れます。多分、それは装っているからです。腹が立っているのではなく、自分が腹を立てて怒っているように装うことで問題が早く解決するという、そういう方法論を後から身につけたからにほかなりません。

したがって、究極の怠け者になってしまうと、絶対に腹も立てなければ、怒りもしなくなると言えそうです。

「心の扇を広げる」生き方

三つ目の人格として、**「ボート部に入る」**というのがあります。その扇の広さが寛容度だと思ってください。

「私」の心の広さを仮に扇に例えて考えてみます。

扇の広さが九〇度で、その外側に自分にとって許せない、あるいは我慢のできない人がいるとします。外側にいるその人を、自分の寛容度である九〇度の枠内に連れて来ようとしても、簡単には入ってきてくれません。その人がすんなり自分の価値観や許容範囲の中に入ってきてくれれば何の問題もないのですが、なかなかそうはなりません。そこで悩み、苦しみ、ストレスを感じることになります。

もし、九〇度しかない自分の許容度・寛容度を広げることができ、相手を自分の許容範囲に入れてしまうことができれば、つまり、相手を受け入れることができれば、それで問題は消滅します。相手を受け入れたのですから、イライラも腹立ちもなくなります。

許容範囲が仮に一二〇度になったときに、一三〇度目のところに、また人が現れたとします。その人を「私」自身が認め、受け入れてしまえば、「私」の心の領域が広がり、またイライラがなくなるでしょう。

結局、その人を受け入れること、「そういう価値観の人も確かにいるよね」というように、「私」の心の許容範囲を広げることでラクになるのは、相手ではありません。「私」自身がラクになり、楽しく幸せになります。

ですから、扇の外に現れてくれたその人を、常に「私」の心の許容範囲を広げてくださる方（扇子の範囲を広げてくださる方）だと思ってみたらどうでしょう。その人のお陰で「私」はついに一八〇度のきれいな扇子の広がりを持つことになるのです。

どんな人が現れてもまったく動じない人になってしまう、いちいちイライラしない人になってしまう、という意味で、私はこの人を「ボーッと（ボート）部の人」と名づけました。

九〇度の広さを平均的な許容範囲とすると、その三分の一の三〇度や、半分の四五度の許容範囲である人は「心の狭い人」、あるいは「ピリピリした人」ということになります。

「ピリピリした人」よりは「ボーッとした人」のほうが、実は自分自身がラクである、ということが言えます。

人のためではありません。自分が辛くない、いちいち腹を立てないで済むという意味で、この方法は自分にとって最良の方法です。

心の扇を広げること、これこそがまさに、自分がラクに生きる「奥義」（秘伝）にほかなりません。

ついでに言っておくなら、「ボーッとした人」は「ボーッ」としているので、「ボーッ」という霧《む》笛《てき》を遠くで聞きます。霧笛を聞く人は「無敵」です。

無敵であるというのは、面白いことに二〇〇人、三〇〇人の敵をなぎ倒したから無敵になるわけではありません。二〇〇〇人、三〇〇〇人の敵をなぎ倒したからといって無敵になるわけではないのです。無敵とは、「敵が無い」と書きます。もともと**「敵が無い」ことが「無敵」**の意味です。

「私」がボーッとし、いちいち腹を立てず過剰反応せず、一喜一憂せず、ありとあらゆることを笑顔で迎え入れ、自分の許容範囲を広げていくことができたら、「私」自身が一番ラクです。

そしてよく考えてみると、平均的な九〇度の広さしかなかった自分の扇を、その外に現れた人が広げてくださったお陰で、自分の心が広がり、許容度・寛容度が広がったということになれば、その方に手を合わせ、「ありがとう」と言えるのではないでしょうか。

この方程式がわかったとき、目の前に現れる人、一人ひとりが「私」の許容度・寛容度を広げてくださる人になります。

優しく、思いやりに満ちた人が現れてくれることは、悪いことではありません。もちろん歓迎すべきことです。

しかし、「私」の狭い心を広くしてくださる人（そうしなければ「私」が辛くて嫌悪を感じるような人）が現れてくれたとき、その人が「私」の心の狭さを広げてくださる存在である、ということに気がついたら、私たちは心の底から手を合わせ、その人に感謝することができそうです。

つい否定的な反応をしていませんか

謙虚であるということ

講演会の後の、ある二次会（三〇人ほど）で、こんな出来事がありました。

私が「お札をこういうふうに折ると、どうも仲間（お金）を呼んでくれるらしい」という楽しい話をしたときのことです。

「どういうふうに折るんですか」と、ほとんどの人が笑顔になり、その折ったお札の見本をその場に回しました。ぐるりと回っていき、二種類の見本がたまたま私の目の前の三〇歳ぐらいの女性のところに来ました。

一つ目の見本を見て、彼女はこう言いました。

「こんなことを考えつく人って、ずいぶん暇なんですね。暇な人でないと、こんなことを見つけませんよね」

これが、彼女の開口一番の言葉でした。

それから一〇秒ほど経って、二つ目の見本が彼女のところに回ってきました。彼女はそれを見ながら、こう言いました。

「この脇の人物がこういうふうに折れているのを見ると、変なふうにゆがんでいて不愉快ですね。格好悪いですね。こんな変な顔って見たくないですよね」

私は隣に座っていた人の顔を見てしまったのですが、その人も私の顔を見て、思わず二人して苦笑してしまいました。目が合って、「正観さん、これについてひとこと言ったほうがいいのではないですか」というその人の無言のメッセージがなければ、私はその向かいの人に対して何も言わずに終わったと思います。しかし、その隣の人が目でそう言っているものですから、私は重たい口を開きました。もちろん、詰問したわけではなく、笑顔で穏やかに言いました。

「○○さん、今、二つのものを見て、二回とも否定的な反応をしたことに自分で気がつきましたか」

「えっ、そうですか」

　本人は驚いた様子でした。否定的な反応をしたこと自体に、彼女自身は気がついていなかったようなのです。

「今、二つが二つとも、大変否定的な言葉でした。話題の本体の話をするのではなく、まったく関係のないところを非常に皮肉っぽい目で見ながら、それについて冷たく否定的な意見を言っていました。『こういう楽しい話があるのですよ』と言った私をがっかりさせました。その言葉を聞いて、体中の力が抜けてしまいました。『ああ、この人には何を言ってもダメなのだ。もうそれ以上の話をしても仕方ないかな』という気にさせられたのですよ」

　と私は申し上げました。

　彼女は頭の良い人だったのでしょう。こう言いました。

「今、正観さんに言われたことは、私が今まで学んできたこととはかなり異なる、ものすごく重要で奥深いところのことを言っているような気がします。もう少し詳しい説明をしてください」
彼女の要請があったので、私は補足説明をすることにしました。

何か面白く楽しい情報があったとき、それを教わった人が開口一番で否定的なことを言った瞬間に、その情報を持ち込んだ人は、シュンとしてしまいます。そして、これ以上のことを言ってもまた冷たく否定的な言葉が返ってくるだけなんだと思ったら、二つ目、三つ目の情報は話さなくなります。
この人に対して何か楽しそうな情報や役に立ちそうな情報を持ち込んでも、多分、役に立たないだろうと思ってしまうのです。

「こんなことを考えつく人って、ずいぶん暇なんですね」と言った瞬間に、それはもう、それ以上のことを聞きたくないと潜在意識の中で言っているようなものです。それは取りも直さず、「私はそんなことについて、新しい情報は仕入れたくはない。今の私で充分なのだ」という驕《おご》り、高ぶり、傲慢、うぬぼれの側面を見せているということにほかなりません。

謙虚であるということは、自分以外の人が何か面白い情報や、楽しく新しい情報を持ち込んできたときに、「それで、それで」と言って聞く立場になることです。つまり、自分の中に吸収しようとする心があること、常に好奇心や関心・興味があることが、謙虚さの一つなのではないでしょうか。

自分の中に、ある程度の勉強をしてきて、そんなつまらないことには関心がないという場合に、否定的で冷たい反応になるのだと思います。で、開口一番そういう言葉が出てくるのでしょう。

その結果として、そこから先の話は進まなくなります。当然、今回のように、一つ目、二つ目の情報で否定した場合には、もう三つ目、四つ目、五つ目の情報が彼女に向かって発せられることはありません。

他の人は三つ目、四つ目、五つ目の情報を聞いて「面白かった。楽しかった」と言って帰っていくわけですが、彼女には、もうその言葉は向けられなくなってしまいます。

つまり、否定的な言葉を言い、そこでピシャッと遮断してしまうのは、本人は気がついていないのかもしれませんが、とてももったいないことをしている、と私には思えました。

謙虚であるということは、相手の話や情報をなるべくたくさん聞き入れて、自分が大きくなること（広がること）です。

謙虚に、興味を持って人の話を聞けば、相手は多分もっと話をしてくれます。そして、そのたくさんの話の中から自分の感性に合うものだけを取り入れればよいのです。

その一つひとつの情報について、気に入る、気に入らない、と目の前で感想を言うことは意味がありません。

「なるほど、そうですよね。それで、それで」というように、笑顔で相手の話を引き出すこと、これこそが謙虚さであり、なおかつ、もっとも自分が得する立場というものではないでしょうか。私はそのように話しました。

彼女は「大変よくわかりました。指摘されるまでまったく気がつきませんでした。これからは、そのことに充分気をつけて生きていこうと思います」と言いました。

彼女はこれから人の話をたくさん吸収することでしょう。次に会ったときには、さらに明るく、楽しく、大らかで、奥が深く幅の広い人になっているに違いありません。

バスに遅れる人

「他人へのイライラが消える」法

年に一度、「正観さんとの海外旅行」というのがあります。

二〇〇〇年には中国シルクロード、〇一年はペルー、〇二年はエジプトへ出かけました。続いて〇三年はタヒチ＆イースター島、〇四年はチベット、〇五年はオーストラリア、そして〇六年はギリシャ＆イタリアを訪れました。

これらの海外旅行には、バスで移動する時間が伴います。一〇泊一一日くらいだと、その間にバスの集合時間が五〇回くらいはあるでしょうか。

その五〇回の集合時間に、ことごとく遅れてきた人間が一人だけいます。小林正観という人です。時間をまったく守らないという、とんでもないヤツでした。

旅行が始まって二日目くらいに、ある人（私より年上の人）がこう言いました。「このツアーは、バスの集合時間をほとんどの人が守らないのですね。時間にものすごくルーズな集まりだったのですね」

バスの後ろのほうで、いつも私のツアーに参加してくださる方々がクスクスと笑いました。

その発言した中年の女性は、クスクスと笑ったことの意味が理解できなかったようです。

仕方がない、私自身が説明しましょう、ということでその方に説明しました。「実は、今までの旅行もそうだったのですが、五〇回のバスの集合時間に、私はことごとくすべて遅れて来ています。どのツアーでも必ず毎回遅れます。ただ、その遅れは八～九分までで、一〇分以上になることは滅多にないようにしています」と話しました。

「どうして常に五〇回も遅れるのですか」

私はこう答えました。

「実は、私は若いころ、すべてが正しくなければいけないと思い、時間に対してももちろん、自分がいろいろなルールを守ることに厳しかったのです。しかし、自分に厳しい人は、必ずといっていいほど他人に対しても厳しくなっています。

そこで、他人に対して優しくあるためにはどうしたらいいかと一生懸命考えた結果、最善の（最短の）方法は、自分が自分に甘くなることだと気がつきました。私自身がいい加減なヤツになってしまうことです。もともといい加減でろくなヤツではないわけですが、それをはっきり意識しながら、ろくでもない、いい加減なヤツになってしまうこと、というのが私の出した答えでした」

自分に優しい人は、他人にも優しい

私はそういう結論に行き着いたのです。自分に**厳しい人は、必ず他人にも厳し**

くなってしまいます。多分、他人に優しく（甘く）はなれないのです。

自分で自分に甘くなること、それを第一義的にやっていけば、他人に対して厳しくなどできるわけがありません。そういう方法論を私は発見し、そのようにやってきたのです。

私のツアーに参加したことがある人はわかると思いますが、五〇回すべての集合時間に遅れたからといって、飛行機に乗り遅れたりしたことはありませんし、大きな問題を生んだこともありませんでした。

五分や一〇分、二〇分遅れたところで、どうということはないのです。しかも、私たちは研修旅行に行っているわけではありません。遊びのためのツアーです。皆、リラックスして楽しく心穏やかな時間を過ごしたくて参加しているのです（五〇〇メートル以上は歩かないとか、山登りはしない、難行苦行はしない。非常に安易で、ラクで、楽しいツアーしか企画しません）。

遊びのためのツアーですから、なにも五分や一〇分の時間に厳しくこだわる必要などないのです。五〇回の集合時間すべてに遅れてきたのは、そういうことにこだわらず、にこやかに穏やかにそのツアーをやっていきたいと思ったからでした。

責任者である私がいつも集合時間の五分前、一〇分前にバスの席に座っていたとしましょう。そうすると、参加者のすべての人が時間前に集合しなければならない、と思うようになり、旅そのものが息苦しくなってしまうでしょう。主催者であり責任者でもある私がすべての集合時間に遅れてくる、ということであれば、参加者はものすごく楽な気持ちになります。そして、実際、参加者のすべての人が「これほど楽しいツアーはない」「これほどラクで、面白く、明るく開放的な気分になった旅はない」と言ってくれるような旅ばかりでした。

そういう意味で、私が集合時間にすべて遅れたということは、旅の雰囲気づくりに大きな貢献をしたと言ってよいかと思います。

ただし、もう一つのことを事実としてお伝えしておかなければなりません。

すべての集合時間に遅れてきた私が、いつも最後にバスに乗って来たということではありません。私は確かに八～九分はいつも遅れていましたが、私よりも遅れて来る人が常に存在していました。

そういう人に対して、私は腹を立てたりイライラしたりしたことはまったくありませんでした。私自身がいつも時間に遅れているのですから、その人たちに対して厳しいことを言える立場にはないのです。そういうところに自分を置けば、決して人に厳しくすることはないということを私は学んだのでした。

風に吹かれて、川に流されて

隣のおじさん

心の不健康は、「他者を責める」か「自分を責める」か、そのどちらかによって生まれます。

他者を責めれば、攻撃的になり、時には人を殺したり、傷つけたりします。

自分を責めれば、うつ状態になります。

そのどちらも、現象を否定しているところから始まり、やがて、「なぜ？」「誰のせい？」と問いかけるようになります。

聖書の中に「汝《なんじ》、なぜかなぜかと問いかけることなかれ」という言葉があります。

よく相談や質問をされる方は、「なぜ、なぜ」とおっしゃいますが、問いかけた瞬間に、問いや相談の形をとって、その現象を否定しているのです。自分の身に降りかかってくることについて問いかける必要はありません。

それはそれでよし、と思い、**「タ行・たんたん　ナ行・にこにこ　ハ行・ひょうひょう　マ行・もくもく」で生きていくとラク**です。

例えば、不登校の子どもがいたときに、「これは誰のせいか」と追及し始めてしまうとキリがなくなります。夫が怒鳴っているから、夫婦関係が悪いから、甘やかして育てたから……。原因を求めても問題は解決しません。

誰も責めず、現象を否定せず、「風に吹かれて、川に流されて」生きていけば、それでいいのです。「淡々と生きる」ということです。

好きだから、嫌いだから、という生き方の他に、三つめの生き方として「やるハメになったらやる」というのがあります。

それが「風に吹かれて、川に流されて」という意味です。

私は毎日、しゃべりたくて講演会をやっているわけではありません。頼まれてしょうがなくなり、やるハメになったから、ただ素直に「ハイよ」と言ってやっているだけです。それだけでけっこう面白い人生が展開していきます。

妻は隣のおばさん、夫は隣のおじさん

沖縄の老人会というのは七〇歳以上でないと入会できないそうです。

六十代だとまだ「小僧っ子」、七〇歳をすぎてからやっと、「おじい」「おばあ」と呼ばれるらしいのです。

ある九四歳の男性の話です。

四キロほど離れた丘の上に、老人ホームができました。そのおじいちゃんは毎

日、その老人ホームへ、ボランティアと称して通いました。しかし、老人ホーム行きのバスは月曜日から金曜日までしか運行していないので、土・日曜日はしかたなく家にいて、しょんぼりしていました。

寂しそうなので、お孫さんが自転車を買ってあげました。すると、バスのない土・日曜日もその老人ホームへ通えるというので、おじいちゃんは大喜び。そして、その四キロの道のりを自転車をこいで通うようになり、すごく足腰が丈夫になって、ますます元気になりました。お孫さんから見ると、二〇～三〇歳は若返ったように見えたそうです。

そこでお孫さんが、

「おじいちゃん、どうしてそんなに毎日楽しそうに老人ホームに行くの？」

と聞いたところ、おじいちゃんは、

「あの老人ホームには、七〇、八〇歳の若いばあさんがゴロゴロしとるんじゃ」

と言ったというのです。

たしかに九四歳のおじいちゃんから見れば、若いということになるのでしょう。

そのような見方ができれば、ものすごく楽しいと思います。それと同時に、体も若返り、それまで以上に元気になってしまいました。

私たちの日常生活でも同じことが言えます。

例えば、湖でボートに乗っているときに、ガチャンと音がして他のボートがぶつかってきて、そのはずみで湖に落っこちてしまったとします。「何するんだ！」と怒鳴ろうと思って後ろを振り返ると、無人のボートだった、という場合には、誰も怒鳴らないでしょう。

無人のボートだったら怒りは湧いてこないのに、人が乗っていたら怒りが湧いてきて、怒鳴って怒りをぶつける、というのはどこかおかしいと思います。

また、夫婦関係でどうしても相手が気に入らないという人がいます。

それは、相手のことを「妻だから」「夫だから」という前提で見ているためです。

もし、「隣のおじさん」が毎月給料を運んできてくれるのだったら、「私たちのために毎月給料を運んできてくれて、ありがとうございます」と感謝できます。

同様に、「隣のおばさん」が毎日食事を作りにきてくれているのだと思えば、「なんて親切な隣のおばさんなんだろう。ありがとうございます」と感謝するでしょう。

どうして、自分の妻だったら、食事を作ってくれても感謝しないのですか。

どうして、自分の夫だったら、給料を運んできてくれても感謝しないのですか。

「稼ぎが少ない」とか「働きが悪い」と文句を言うのはおかしいということになりませんか。

一番近い味方はあなた自身

あるとき、「夫がたくさん役職とか引き受けてきて、とても大変そうなんです。

私は、そこまでする必要がないと思いますし、そんなにさせられて過労で倒れたり、病気になったりするんじゃないかと、とても心配なんです」という相談がありました。

私は、

「大変だ心配だと言うよりも、私はあなたを支えてますよ、いつも応援していますよという態度でご主人に接していかれたらどうですか」

と答えました。

夫が仕事で疲れて帰ってきたら、その疲れた顔を見るたびに「どうしてそんなに引き受けるのよ、どうしてそんなに忙しい日々を送るのよ」と言っていれば、夫のしていることを全部否定し続けることになります。

夫のことが本当に心配なら、文句を言い続けるのではなく、夫の喜ぶような料理やスタミナのつく飲み物などを用意してあげるとか、もっと力や元気が出るように笑顔で接してあげるとか、励ましの言葉をかけてあげるとか……。そういう方向でやってあげたらいいと思います。

「どうしてあなたは、そんなに毎晩遅いのよ」「どうしてそんなに役職を引き受けるのよ」などと、愚痴や文句を言い続けていることが、実は夫の体を弱らせているのかもしれません。言葉のダメージで、体の細胞がどんどん弱ってしまうのです。

そうやって夫に接するよりも、笑顔で「ご苦労さま。多くの人のために頑張ってくださって、あなたは偉いですね。妻として、あなたに対して何もできないけど、せめてパワーのつくような料理を食べてください」「用意しときましたから、これも食べて元気を出してくださいね」とか、「私は、あなたにはなれないけれども、少なくとも、あなたがやっていることを応援してあげられる妻の座を、誇らしく思ってます」と言ってみてはどうでしょう。そういうポジションで夫に接したらいいと思います。

夫が疲れ果てて帰ってきたときに、他人はあなたのご主人を気遣って、栄養ドリンクを作ることはできませんが、あなたは妻なのですから、元気にしてあげることが日常的にいくらでもできるはずです。

本当に心配なら、文句を言うのではなく、やってあげればいいのです。それが本当に応援しているということであり、本当の優しさなのではないでしょうか。

「あなたの体を心配している」と言いながら、文句を言い続けるのは、全然優しくありません。まったく味方をしていないばかりか、一番身近な敵になっているということです。

そうした言葉を届ければ届けるほど、その人の細胞はどんどん萎縮《いしゅく》して、げんなりしていきます。それは妻に対する夫の発言もそうですし、子どもに対する親の発言でも同じことが言えます。

大変そうに見えたら、笑顔で「ご苦労さま。自分にできることはこれだから、手伝ってあげるね」とバックアップしてあげる。そういうやり取りが見えたら、とても元気になるでしょう。

自分に対する言葉でも同じです。褒めてあげること。

「どうして私がこんなことしなくちゃいけないの、どうしてこんなに手間かけて作らなくちゃいけないの」などと自分を責めるのではなく、「私っていい人だよね。いい妻だよね」と、自分で自分を褒めてあげるのも、すごく重要なことです。

なぜなら一番近い味方は自分なんですから。

「この世は修行の場」なのか

すべてはゼロ

ある方から、「この世は修行の場なのですね。ある人の話を聞いて、修行の場だということを知りましたが、この世では我慢や忍耐をして生きていかなければならないのですね。それが『この世は修行』という意味なのですね」という質問を受けました。

そのように「この世は修行の場」であるととらえてもかまいませんが、現象というものは、自分のとらえ方によってどのように見えるかが変わってきます。宇宙は、この世（私たちの人生の場）を「修行の場」というふうに設定しているわけではありません。**すべてゼロ（中立＝ニュートラル）**なのです。

物事をとらえる力を「認識力」という言葉で言い表すと、認識力が上がってくるにしたがって三つの段階を踏むように思います。

第一段階は**「この世が修行の場である」**という認識です。

目の前の現象の一つひとつが「私」を修行させるために存在しており、そのためにいろいろな現象を起こしているのだと考えることで、問題を乗り越えたり、気持ちがラクになったり、生きるのがラクになったりする人がいるのであれば、そうとらえてもかまわないと思います。ただ、この世は「修行の場」として設定してあるわけではありません。

第二段階としては、同じ現象を目の前にしたとき、**「実はこの世は喜びの場なのではないか」**ととらえることです。

しかし、この認識力では、一〇〇点満点の六六点か六七点です。まだ認識力が一番深まったとは言えません。

一〇〇点満点の九九点、あるいは一〇〇点まで到達する第三段階というのは、**「この世は修行の場でもなく、喜びや幸せの場でもなく、実は感謝の場である」**ということに気がつくことです。

例えば、自分の会社が倒産し、職を失ったとします。その場合に、「自分はこういう状況に耐えて我慢し続けることで人生上の修行をしている。ここで耐えなければ意味がないではないか」と考える人がいてもおかしくありません。しかし、そのように考えている間は、その現象は自分にとって辛いものになります。

認識力が深まると、このように考えることができます。「もしかすると、この現象は私にとって、喜びなのではないか」と。

意志の強い人は自分から会社を辞めることができますが、心の優しい人ほど、今いる会社と縁を切って辞めていくことができません。「あなたは本来、そういう会社でそういう仕事をしている場合ではないのですよ」という宇宙の意思がある場合、生まれる前にそういうようにシナリオを書いて、会社を辞めざるを得ないような状況が設定されています。それが見えてきたとき、「ああ、私は前の会社を辞めて今の仕事をすることになっていたのだな。しかも、今の仕事のほうが自分にとってはとても嬉しく、楽しく、幸せなことだ」と思うことができます。

同じ現象について、第一段階では辛く悲しいことを我慢するという立場でした。第二段階では、これが自分にとって喜びであり、幸せに思えるというものでした。

そして、認識力の一番奥にある第三段階の考え方は「この世は感謝の場なのではないか」というものです。

会社が倒産して職を失い、新しい仕事を探さざるを得なくなった結果として、天命・天職というものに出会うことがあります。そして、「もし、このまま会社が存続していたなら、自分は決してこの仕事を始めることがなかったであろう」と思えるようになったとき、世の中が「感謝の場」に変わります。

現象は何も変わっておらず、まったく同じことが起きているのに、その現象を、認識力の第一段階では「修行の場」としてとらえ、第二段階では「喜びの場」ととらえ、そして第三段階では「感謝の場」と、とらえています。

何度も同じ話を繰り返しますが、「感謝の場だととらえなさい」あるいは「感謝の場だととらえるべきだ」と言っているのではありません。

この世を「忍耐の場」だと考えることでラクになり、楽しく生きられるならば、それで良いのです。しかし、「修行の場」だと思うよりも「喜びの場」だと思うことでより楽しくラクに生きられるのなら、そのように認識をすれば良いということです。さらに、「喜びの場」どころではなく「実は感謝すべきものに満ちている。この世は感謝ばかりではないか」ととらえることで自分がラクになるのであれば、そのようにとらえても良いと思います。

現象は「ゼロ」。中立で色がついていません。それについて「修行の場」だととらえることも自由です。自由とは「自らに由る」と書きます。

自分のとらえ方、認識力がこの世の現象を決めるのです。

あるがままを受け入れる

「楽になる」方法論

あるところで、一五人ほどの集まりがありました。そのときの幹事さんが、「ぜひあの人に来てほしい」と思う人がいました。

その方は、何年間も寝たきりの子どもの面倒をみている人で、「辛い」「悲しい」と言い続けてきたそうです。

「正観さんの話を聞けば、きっと辛さや悲しさが少なくなる。だから、どうしてもあの人に来てほしい」と、その幹事さんは願い、前日にはその家まで行って、その寝たきりの子どもに会い、「ぜひお母さんを来させて」とお話ししてきたということでした。

会がある日は快晴でした。その子の状態も良く、お母さんはその子とともに、私の会に出席できました。

一人ひとりが自己紹介し、その思いや考えについて、あるいは最近の出来事などについて、私が感想として思ったことを話させていただくのですが、そのお母さんは、こんなことを言われました。

「にこにこしてかわいい子で、少しでも健常児に近づいてくれることを願いながら、何年もこの子の看病をしてきました。昨年は気功に出会い、気功療法を続けた結果、すごく良くなった気がしました。ところが、今年になって、良くなるどころか、以前のような状態に戻ってしまいました。何も信じられなくなって、気功療法もやめました。明るい展望がなく、毎日、辛い思いをしています」

こんなような内容でした。

私は、そのお母さん（Aさんとしましょう）に、次のようなことを言いました。

「障害を持つ子を育ててきて、大変であっただろうことは、少しはわかります。私も二人の子のうち一人が知的障害児だからです。ですから、私はこういう話をする資格が少しだけあると思い、話をさせていただきます。

今までAさんに会われたすべての人が、『お辛いでしょう、大変でしょう』と言ってきたと思うのですが、これから私が言うことは、今まで会われた人の中でもっとも厳しい、きつい内容かもしれません。お話によると、お子さんは昨年、気功などで体調が良くなったのに、今年になって悪くなってしまい、すべてのことが信じられなくなって、気功もやめてしまったのですね」

「はい」とAさん。

「良くなったときは喜び、悪くなったときは落ち込んでしまったのですね」

「そうです」

「よく考えてみましょう。この子が良くなるというのは、Aさんが望んでいる方向に近づいたら〝良くなる〟ということなのですよね。望んでいる方向から遠ざかったら〝悪くなった〟ということなのですよね」

「まあ……」

「ということは、この子の今のままの状態を、否定しているということになりませんか」

Aさんは驚いたようでした。

「この子が良くなる、つまり望む方向に近づいたら嬉しい、悪くなったら、つまり、望まない方向になったら悲しい、落ち込むということは、この子がこの子である今の状態、この子の全部を、ありのままに受け入れられず、『今のこの状態であってほしくない』と否定していることになりませんか。

この子の今のこの状態を受け入れ、このままでいい、と思いきることができたら、この子の状態が右に動こうが左に動こうが、一喜一憂しなくなると思います。『この子がこうであってほしくない』と現状を否定し続けている結果として、一喜一憂しているわけです。

障害を持つ子を、そのありのままに受け入れ、良くなるのも悪くなるのもどちらでもいい、この子がどういう状態であっても愛し続ける、ということが、本当に愛しているということではないでしょうか。

こうなったらこの子を愛することができるが、こうなったら好きになれない、というのは本当に愛していることにならないのではないかと思います。

その子がどういう状態にあっても一喜一憂せず、その子を常に愛し、受け入れていれば、実は一番ラクに幸せに生きることができるのは、自分自身、Aさん自身なのですよね。

こうであってほしい、こうあってほしくないという思いがあるから、人は苦悩するんだと思います。目の前の現象をそのまま受け入れ、それがどちらにどう傾いてもいい、それをすべて受け入れられると思ったら、現象は苦にならなくなります。結局、今の状態を受け入れることができたら、Aさん自身が苦しまないで済むんです」

Aさんは、多分、このような言葉を言われたのは初めてだったのでしょう。

「今の子どもの状態を否定している」と言われたことはショックだったに違いあ

りません。
が、この子の状態を「あるがまま」に受け入れたら、その子の状態が良くなるも悪くなるも、その概念自体が存在しなくなります。〝どうなっても〟受け入れる、愛し続けることができれば、ラクになるのはAさん自身です。

そういうふうに考えるべきだ、との「べき論」を言っているのではありません。そう考えることで、そのように「見方」を変えるだけで、Aさん自身がラクになるのです。これは「ラクになる方法論」なのです。

Aさんは、涙が止まらないようでしたが、笑顔で「そのように考えられるように、努力してみます」と言ってくれました。

厳しく、辛い言葉であったろうと思うのですが、障害児のわが子を考えたとき、私自身がそのように思うことで辛さや悲しみが克服できたのでした。

私たちの悩みや苦悩は、もしかしたら、私たちの中にあるせまい価値観や好き嫌いの感情によって生まれているのではないのでしょうか。

自分の思うような人であれば受け入れる（好きになる）、自分の思うような人でなければ受け入れない（嫌いになる）という選び方をしているかぎり、私たちは悩みや苦悩から抜け出すことができないように思います。

日常の中で大事なことは、この人（このこと）を好き嫌いで分ける訓練ではなく、**すべてをありのままに「受け入れる」**ことを訓練していくことではないでしょうか。

「暑いですね」「ジメジメした天気が続きますね」「まったく、いつになったらすっきり晴れるんでしょうね」というような会話を「天気の悪口」と呼びますが、まずは「天気の悪口」を言わないところから、毎日の天気を「そのまま受け入れる」ところから、スタートすることにしましょう。

「許す」＝「ゆるます」

緩《ゆる》やかに甘く生きる

二七歳から四〇歳まで慢性関節リウマチで、とても苦しんできた女性が、たまたま私の講演会に来ました。

私が初めて彼女に会ったとき、「大変ですね」とか「お辛いですね」という言葉は出ませんでした。

「あなたは、何でも自分の力でやってきたと思ってきませんでしたか。周りの人に感謝をしたことがありますか」と尋ねました。

その人は、今まで何をやっても上手くでき、ずいぶん高い評価を受けてきた人だったようですが、自分に厳しい分、他人に対しても厳しかったのでしょう。

自他ともに厳しい人というのは、立派な人のように思いますが、自他ともに**「許してない人」**なのかもしれません。

「許す」という言葉の語源は、「ゆるます」です。「許す」というのは、自分のピンと張った神経、つまり、あれでなければいけない、こうあるべきだというような価値観を「ゆるます」という意味です。

「ゆるます」ことが「許す」ことであって、「許す」ことは、すなわち「受け入れる」ことなのです。

もしかしたら、体の痛みというのは、神経が張っていることからきているのかもしれません。神経が、ピンと張っていなければ、いくら外から弾いても痛くはないでしょう。

ギターの弦《げん》というのは、ピンと張っていることで、弾いたとき、音が出るようになっています。ところが、張っていないと、いくら弾いても音は出ません。人間の体の痛みもどうもそうなっているらしく、神経を張っているから、外的な状況によってピーンと響いて痛みが出るらしいのです。

ということは**〝ゆるませ〟ればいい**のです。自分の神経を全部緩ませてみてください。

他人もそうですが、自分を許していない人がけっこういます。

「このままじゃいけない」「もっと努力しなくちゃ」と、ずっと自分で自分を痛めつけてきませんでしたか。自分のことも周りの状況も全部許し、受け入れると、痛みは和らいでいくようです。

これからは、自分に対しても他人に対しても、**〈緩やかに甘く生きる〉**という方法論をとってみたらどうでしょう。

「あなたは、一生懸命、充分生きてきたじゃないですか」と、今まで精一杯やってきた自分を優しく褒めてあげることにしましょう。「もっと頑張れ」「まだ不充分だ」と言っていた自分自身を許せるようになると、体は緩みます。

一度、ゆだねてごらんなさい

さて、こういう提案をしたあと、そのリウマチの女性はどうなったと思いますか。

初めて会った小林正観から、厳しいことを言われて悔しかったけど、とりあえず私の「言葉はがき集」を買って帰ったそうです。

彼女は、一三年間、自分の体が思うように動かないので、とても辛くて行き詰まっていました。でも、それは、辛くてよかったのかもしれません。もし、辛くなければ、私の話を一％も受け入れてはいないでしょう。行き詰まった人ほど、すぐに〝実践〟するものです。

それから彼女は、リハビリを兼ねて「はがき集」の中から、自分の心に響く言葉を、「ありがとう」を言いながら、筆で書いて絵を入れて……というのをやり始めました。そしたら、なんと曲がっていた指が徐々に動くようになったそうです。

心も体も緩ませて、周りの人に感謝していくと、不治の病と言われているリューマチでさえも改善されていくようです。

「自分の力で何とかなる」と思っていた人が、どうにもならない状況に陥ったとき、それでも努力してなんとかしようとしている間は、なかなか好転しません。「自分の力では、もうどうにもならない。頑張るのはやめよう。目に見えない世界の方々や、自分の周りの方々に、全部お任せしてみよう」と思ったとき、彼女の病状は突然好転し始めました。

すべて、法則のもとに動いているだけですから、受け入れた瞬間から、方程式どおりにものごとが展開していく、ということです。

もし、すごく大変な問題にぶつかったとき、自分の力と努力で乗り越えられるのであれば、努力してもいいでしょう。しかし、どんなに頑張っても解決できない問題のときには、**ただただ、周りの人に感謝をして〈お任せする〉という方法をとってみたらどうでしょうか。**

その女性は、今「ありがとう」を言って感謝して、人にお任せして生きていくことが、こんなに楽しくてラクなことだったんだと、心から感じているそうです。

「これまで生きてきて、今が一番幸せです」と、嬉しそうに話してくれました。

誰にも迷惑をかけないジコチュー

実践的に生きる

相談される人に重要なことですが、すべての相談者の悩みに同化して浸り込んでいったら、多分大変だと思います。私は、年間三万人ほどの人とお会いしますから、どんなに大変な悩みを抱えている人が現れても、淡々と「で、何が問題なんですか?」と言えないと、ノイローゼになってしまうでしょう。

皆さんも、人から相談を受けることがあると思いますが、ひとつ覚えておいていただきたいことがあります。

仏教には、大乗《だいじょう》仏教と小乗《しょうじょう》仏教(上座部《じょうざぶ》仏教)があります。大乗仏教というのは、大きな乗り物を意味し、困っている人、苦しんでいる人を救済して、たくさんの人を乗せて彼岸へ行きましょう、という考え方です。

一方、小乗仏教は、小さな乗り物ということですから、自分が悟ればそれでよし、と考えます。

タイ、ミャンマー（ビルマ）、インドは、小乗仏教の国で、もともと釈迦は小乗仏教的な考えをしたと思われますが、釈迦が死んで五〇〇～六〇〇年経つと、大乗仏教といううねりが起き、それが中国に伝わり、のちに日本に伝わって、日本は大乗仏教国になりました。

大乗仏教の広く救うという考えが浸透した結果、私たちは、目の前に問題を抱えた人がいたり、辛そうな人が現れると「解決してあげなくちゃ」と思い込むようになってしまったようです。

こうした傾向は、人生相談を受けるとき、確かによく表れていて、相談者の九八％が自分以外の人のことで悩んでいます。

自分が今こういう状態で困っている、というのは、一〇〇人に二人ぐらいで、あとは「夫がこうだ」「妻がこうだ」「子どもがこうだ」「友人がこうだ」という、**自分の外側にいる人の悩み苦しみや社会の矛盾を、あっちこっちからクマ手でかき集めている**ように思います。

その人たちのことを心配する結果、ご本人はまったく笑顔ではありません。

基本的なことを言いますと、私たちができるのは、**まず、自分が笑顔になること、自分が太陽になることです。**

その向こうにいる人の悩みは、自分のことではないのですから、解決できなくて当たり前です。

「私たちにそんな力はない」と思い切ったところから、ものすごく楽な人生が始まります。

しかし、自分が太陽ではないのに、「周りを明るくしてあげなくちゃ」という人が大半です。まず、自分が明るく幸せな人になりましょう。それが、私の言う

〝実践〟です。

この提案は、小乗仏教でとどまりなさい、ということではありません。小乗仏教的な考え方で、明るく素敵に生きている人は、長い目で見ると、結果として周りにいい影響を与える可能性があるということです。

私は、小乗仏教的に生きています。だから、ものすごくラクに生きています。自分は何も背負っていないし、世の中を変えようとも思っていません。ただ、**〈実践的に生きる〉**ようになっただけです。

あなたが、笑顔の素敵な〈太陽さん〉になって、ひたすら幸せな光を投げかけていけば、周りの氷は自然に溶けていくでしょう。そういう溶かし方を取り入れることにしませんか。

自分の生き方を、手本として、見てもらえるかどうか

例えば、今まで不登校の子どものことで心配していた母親が、ある日突然、

「やれ、フラダンスだ、やれ、テニスだ」と、にこやかで楽しそうな状態になったとします。

　初めの一カ月ぐらいは、いぶかしげに見ていた子どもでも、三～四カ月も経ったときには、「いったい、お母さんに何が起こったのだろう」と思います。

　母親が、〈太陽さん〉になって、心地よさそうに常に楽しそうにしていると、「お母さん、どうしたらそんなふうになれるの？」と、悩んでいる子どもほど聞いてくるでしょう。

　そのとき、初めて実例見本として話せばいいわけです。自分の心の支えとしてあるものを語ればいいのです。


　いい話を聞いたからといって、すぐに伝えようとするよりも、まず、自分が実践してみましょう。すると、子どもはそれを手本として「こういう生き方が楽しそうだな」と思うかもしれません。

　子どものことを思うあまり、いつも暗い顔をして笑顔がないのでは、子どもはそんな親を真似しようとは思わないでしょう。暗い顔の親を見本としている、暗い顔の子どもがいるのではないですか。

本当に子どものことを考えるなら、早く自立させてあげることです。それには、子どものことを心配して気にしている親が、まず**〈気にならない親になる〉**ことです。

ただひたすら自分の人生を幸せに生き始めること。

この話をすると、「それでは自己中心的にはなりませんか」と聞かれますが、自己中心的というのには、人に迷惑をかけるのと、人に迷惑をかけないのと、二種類あります。

私が言っているのは、人に迷惑をかけない〈ジコチュー〉です。

私は、旅行中にひとりで車を走らせて海沿いの道へ出ることがあります。きれいな海が広がっていて、平日だったりすると、海岸に誰もいないので本当に美しいものです。

目的地につくまで時間的なゆとりがあるときには、そのままシャツだけ脱いで、ザバッと海で泳いだりします。その後、車に戻ってきて、ビショビショの状態で運転していくなんてこともありました。

わがままそのものですが、誰にも迷惑をかけてはいません。こういう〈ジコチュー〉は許されると思います。自己中心的にも二種類あるのです。

誰にも迷惑をかけずにフラダンスやテニスをして、むしろ家の中を明るくしているのなら、それをしたほうがいいと思います。

それにもともと、子どもを育てる能力など、親も先生も本来持っていないのです。ただ**〈自分の生き方を、手本として、見てもらえるかどうか〉**だけです。「まなぶ」の語源は「まねぶ」。つまり「まねをすること」でした。

子どもにとって、一番嬉しくて気持ちいいのは、母親がいつもイキイキして幸せそうにしていることでしょう。そのとき初めて子どもは楽しい気分になるのです。

何とかしなくてはならないのは、子どもではなくて自分自身。面白いことに、自分の心が喜ぶ生き方をしていくと、あれほど気になって心配していた子どものことも、優しい気持ちで見守れるようになっていくようです。

そこから先は神の領域

一番ラクな生き方

私は、ノートに書き写すことは滅多にないのですが、三浦綾子さんのエッセーを読んで、これはいい言葉だ、面白いというので自分のノートに書き写した言葉があります。その三浦綾子さんの言葉は、このようなものでした。

「そこから先は神の領域」

（※三浦綾子さんが実際に書かれた言葉は「いまより後のことは神の領分だ」）

この言葉を、自分の中にいつも思い出すように生きています。やるべきことは、

〝うたし（うれしい・たのしい・しあわせ）〟な人
きれいな人
素直な人
謙虚な人
誠実な人

という五つの人格を目指すことですが、「そこから先は神の領域」だということです。

結果として数字や売り上げが、こうなるに違いない、というのは驕《おご》りです。「私」にできることは、その五つを目指すことであって、「そこから先は神の領域」なのです。

だから、売り上げがどうの、という話になると、神の領域に踏み込んでものを考えている、ということになるのかもしれません。

年間たくさんの講演会をやっていますが、よく「疲れないのですか」と聞かれます。それに対して私は、「このまま疲れ果てて死んでいきます」と言っています。

「じゃあ、講演を断って半分ぐらいにして、長生きすればいいじゃないですか」と言う人もいますが、私の場合、「そこから先は神の領域」です。頼まれたことは、「はいはい」、と言いながら淡々とやり、疲れ果てて死ぬ、というだけのことです。

もし、ガンになった人が、「ガンと闘うぞ」と決めたとすると、神の領域に踏み込んで闘おうとするので辛い日々が続きます。「三〜四カ月で死ぬ」と言われたら、「そこから先は神の領域」と考えると、ずいぶんラクになります。

自分の人格として、手の届く範囲の身の回りをきれいにする、謙虚に物事を考える、誠実に生きる、というのは自分の手の内にあることですが、「そこから、何が生まれるの」「そこから先、自分の人生はどうなるの」ということについては、「そこから先は神の領域」なのかもしれません。

意味を問いかけない

私のところに頻繁に電話をかけてくる人がいます。

「交通事故で追突された。どういう意味があるのでしょうか」

「病気で一週間仕事を休んだ。どういう意味があるのでしょうか」

「友人にお金を貸したけれど返ってこない。どういう意味があるのでしょうか」

ありとあらゆることに、「どういう意味があるのでしょうか」「何か私に教えようとしているのでしょうか」と常にそうやって問いかけてくるのです。

それは、質問という形で、自分が気に入らないことを言っているだけ。「これが気に入らない」「あれが気に入らない」「これが思うようになっていない」と愚痴や泣き言を言っているにすぎない。

「どういう意味があるのか」と問うこと自体が現象を否定しています。

ですから、私は「そんなことにいちいち関心を持たなくていい、ただ、淡々とやって生きていけばいい」とずっと言い続けています。

しかし、その人は何を言ってもわからず、「どういう意味だ、どういう意味だ」と問いかけてきます。

意味なんかどうでもいいのです。

「その意味が、意味が」と言っている人は、結局、受け入れていない。「気に入らない、気に入らない」と言っていることにほかなりません。

要するに、「私が気に入るように、正観さん説明してください」と言っているのです。私は神さまではありませんし、いちいち説明する義務もありません。私が、その人の癇に障ったことを言ったわけでも、私が追突したわけでも、私がお金を返さなかったわけでもありません。

作家の三浦綾子さんは、ガン、膠原病《こうげんびょう》、パーキンソン病にもなりました。そういうときに、自分ができることはしましたが、「これはどういう意味があるの」と、いちいち問いかけはしませんでした。

「そこから先は神の領域」という思想があったからこそ、いつも心穏やかに生きていくことができたのだと思います。

三浦さんは、クリスチャンだったので、そう思えたのかもしれませんが、クリスチャンや仏教徒でなくても、「そこから先は神の領域」という言葉を頭の中に入れておくと、人生がすごくラクになります。

私は、常に「そこから先は神の領域」という概念があるので、すごくラクです。ストレスの少ない生活をしています。

夢や希望に満ちあふれているというのは、見方を変えれば「あれが足りない」「これが足りない」「あれも欲しい」「これも欲しい」と言っていることで、結局ストレスになって思いどおりになりません。

思いどおりにならないのは、「思い」があるからです。

「思い」をなくして、自分が頼まれてやるハメになったことについては、何も考えずに、「はい。わかりました」と言いながらやっていくという生き方はどうでしょう。

そう思っている人は、ストレスが溜まりません。ストレスが溜まらない状態だと、自分が一番ラクに生きることができます。

（了）

参考文献：弘園社、宝来社のシリーズを参考にさせていただきました。

本書は、小社より刊行された単行本を文庫化したものです。

知的生きかた文庫

神《かみ》さまに好《す》かれる話《はなし》

著　者　小林正観（こばやし・せいかん）
発行者　押鐘太陽
発行所　株式会社三笠書房
〒102-0072　東京都千代田区飯田橋3-3-1
https://www.mikasashobo.co.jp
印　刷　誠宏印刷
製　本　若林製本工場

ISBN978-4-8379-8739-0 C0130

本書へのご意見やご感想、お問い合わせは、QR コード、
または下記 URL より弊社公式ウェブサイトまでお寄せください。
https://www.mikasashobo.co.jp/c/inquiry/index.html

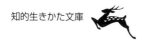